Albrecht Erlenmeyer

Die Schrift

Grundzüge ihrer Physiologie und Pathologie

Albrecht Erlenmeyer

Die Schrift

Grundzüge ihrer Physiologie und Pathologie

ISBN/EAN: 9783744662970

Hergestellt in Europa, USA, Kanada, Australien, Japan

Cover: Foto ©Suzi / pixelio.de

Weitere Bücher finden Sie auf **www.hansebooks.com**

Die Schrift.

Grundzüge ihrer Physiologie und Pathologie.

— — —

Von

Dr. Albrecht Erlenmeyer

dirigirendem Arzte der Erlenmeyer'schen Anstalten für Gemüths- und
Nervenkranke zu Bendorf bei Coblenz.

———

Mit 3 in den Text gedruckten Holzschnitten und 12 lithographirten Tafeln.

Stuttgart.

Verlag von Adolf Bonz & Comp.

1879.

Druck von Emil Müller in Stuttgart.

Vorwort.

—––

Als ich im letzten Winter begann, meine seit nahezu
6 Jahren gesammelten Proben abnormer Schriftzüge zu durch-
mustern und für eine kurze Publication systematisch zusammen-
zustellen, warf sich mir Angesichts der mannichfachen pathologischen Formen, so zu sagen unter der Feder eine Reihe von
Fragen auf, allgemeiner sowohl, wie anatomisch-physiologischer
Art, deren Beantwortung zur Erklärung jener unbedingt nothwendig erschien. Die Auskunft, um welche ich mich nun an
die Literatur wandte, blieb indessen zum allergrössten Theile
unbeantwortet, und ich musste mich selbst daran geben, mir
festen Boden zu bereiten, auf dem ich meine Anschauungen in
sicherer Weise fundiren konnte.

Durch diese in gänzlich ungeahnter Weise überkommene
Pionierarbeit ist nun zweierlei unvermeidlich gewesen.

Zunächst musste ich die anfänglich auf rein pathologischen
Inhalt berechnete Bearbeitung des Gegenstandes durch die jetzt
in ihren Kreis einzubeziehenden allgemeinen und anatomisch-
physiologischen Capitel räumlich weiter ausdehnen, und bei dem
nunmehr verschiedenartigen Inhalte derselben von einer Fachzeit-
schrift, als dem geeigneten Orte ihrer Veröffentlichung absehen,
letztere vielmehr für die nun vorliegende Form einer selbständi-
gen Brochure vorbereiten.

Sodann sind, obwohl die Arbeit äusserlich als abgerundet erscheint, doch eine Menge innerer Lücken entstanden, die ich selbst am Besten kenne und am Liebsten vermieden hätte. Es war mir aber theils aus dem bereits angeführten Grunde der ersten umfassenden Bearbeitung dieser Materie, theils aus Gründen meiner Stellung, die mir zwar ein sehr zahlreiches, aber doch recht einseitiges Beobachtungsmaterial zugehen lässt, nicht möglich, vorläufig mehr zu bieten; auch wollte ich, nachdem die Arbeit einmal begonnen, ihre Veröffentlichung nicht weiter auf's Ungewisse hin hinausschieben.

Möge sie auch in ihrer nicht ganz vollkommenen Darstellung nur wohlwollende Leser finden.

Bendorf bei Coblenz, 20. April 1879.

Der Verfasser.

Inhalt.

I. Capitel.

Richtung der Schrift bei Indogermanen und Semiten. — Abduction die natürliche Schreibbewegung. — Die Semiten müssen mit der linken Hand geschrieben haben. — Rechtshändigkeit die Folge des Schreibens mit der rechten Hand; Linkshirnigkeit die Folge der Rechtshändigkeit, nicht ihre Ursache. — Spiegelschrift und Retrographie.

Wir schreiben von links nach rechts.

In dieser Richtung erfolgt die jetzt übliche verbindende Aneinanderreihung der einzelnen Buchstaben (Silbenschrift) unserer, wie aller dem indogermanischen Sprachstamm angehörenden Schriften im Gegensatze zu den Schriften des semitischen Sprachstammes, bei welchen die einzelnen Schriftzeichen ohne Verbindung unter sich einfach nebeneinander gesetzt werden (Buchstabenschrift), und zwar, im Sinne unserer rechtsläufigen Schrift betrachtet, vor-, nicht hintereinander, also von rechts nach links.*) Unsere Schrift war in ihren vormittelalterlichen

---

*) Bei beiden Sprachstämmen kommt eine Ausnahme von dieser Regel vor. 1) Die Griechen und Etrusker des indogermanischen Sprachstammes schrieben von rechts nach links; es gibt einige alte griechische Münzen, die auf diese Art geschrieben sind. (Havercamp, Sylloge Scriptorum de Gr. L. pronunciat. pag. 210.) Hamberger (Zuverlässige Nachrichten von den vornehmsten Schriftstellern vom Anfange der Welt bis 1500. I. Theil, Lemgo 1756) sagt: «Wann man angefangen hat von der linken Hand (nach rechts hin) zu schreiben, ist wohl schwerlich zu bestimmen; doch kann man so viel sagen, dass es zum wenigsten mehr als 560 Jahre vor Christi Geburt müsse gewesen sein, weil die berühmte Inscriptio Sigaea von dieser Hand anfängt. Die Verse sollen dazu Gelegenheit gegeben haben (?). Nachher wurden beide Arten miteinander verbunden; man fing bei der einen Hand an, und kehrte bei der anderen wieder zurück (schrieb also in Schlangenlinien) und die daraus entstandene neue Art zu schreiben wurde von den Griechen βουστροφηδόν genannt. Eben diese Art zu schreiben scheint den Palamedes und Simonides zu der Gestalt der von ihnen erfundenen Buchstaben Ⲧ (Z), Θ, Φ, Χ, Η, Ω, Ξ, Ψ, Gelegenheit gegeben zu haben,

Formen zwar auch eine Buchstabenschrift, d. h. die einzelnen Zeichen wurden ohne Verbindung nebeneinander gesetzt, allein sie wurde doch niemals in anderer Richtung geschrieben, als es heute geschieht.

Wir schreiben im Sinne der Abduction des schreibenden Armes vom Körper, im Sinne einer centrifugalen Bewegung desselben, also in einer Richtung, welche für die zweckmässigste, und darum auch für die natürlichste angesehen werden muss; denn jede in dieser Richtung sich vollziehende Muskelleistung muss jede andere, namentlich aber die centripetal laufende Adduction an Freiheit der Bewegung übertreffen, weil ihr der Stamm des Körpers nicht hindernd im Wege steht, sie vielmehr freie Bewegungsbahn findet, soweit der Arm nach aussen reicht. Diese Erscheinung, dass die centrifugalen Abductionsbewegungen die zweckmässigsten sind, können wir im fortwährenden Gebrauche der Oberextremität tausendfältig beobachten, und wir sehen, dass wenn Leichtigkeit, Eleganz und Sicherheit der Ausführung geleistet werden soll, immer Abductionsbewegungen gemacht werden. In diesem Sinne der Bewegung drehen wir eine Handmühle, zünden wir ein Streichholz an der Reibefläche an, spielen wir die perlendsten Clavierpassagen, und was dergleichen leicht zu vermehrende Beispiele mehr sein mögen.

Die Frage, welcher Bewegungsrichtung die grössere Kraft innewohnt, kommt hier gar nicht in Betracht, da zum Schreiben eine Kraftentwicklung nicht nöthig ist.

dass, man möchte vor- oder rückwärts schreiben, sie allezeit einerlei Ansehen hätten. Man fing in dieser Art zu schreiben bald von der linken, bald von der rechten Hand an: von beiden Arten sind alte Aufschriften erhalten, so von der linken die Inscriptio Sigaea; andern (3) Aufschriften, die der Abt Fourmont aus dem Orient mitbrachte und edirte, die von der rechten Hand anfangen, schreibt man noch ein höheres Alter zu.» — 2) Zum semitischen Sprachstamm gehören 1) die aramäische Sprache (Babylonien und Mesopotamien), welche in das Syrische und Chaldäische zerfällt. 2) Die kananitische (Palästina und Phönizien) mit dem Hebräischen (Talmud) und Phönizischen. 3) Die arabische Sprache, die durch Muhamed und den Koran zur herrschenden Sprache des muhamedanischen Reiches geworden ist. Sie hat verschiedene Dialekte. von denen einer, die aethiopische Sprache, die Richtung ihrer Schrift nach Einführung des Christenthums (in der ersten Hälfte des 4. Jahrh. n. Chr.) wahrscheinlich nach dem Vorbilde der griechischen Schrift. umgekehrt hat, also von links nach rechts schreibt.

Selbstverständlich gelten diese Erwägungen im gleichen Sinne
für die rechte wie für die linke Extremität, und wenn man einem
Kinde, das mit Schreibstudien beschäftigt ist, einen Schreibstift
in die linke Hand gibt, und es auffordert, linkshändig zu schreiben, so wird man die Wahrnehmung machen können, dass das
Kind, gewissermaassen instinctiv die grösstmögliche Zweckmässig-
keitsbewegung ausführend, mit der linken Hand nach aussen,
also centrifugal, abducirend zu schreiben versuchen wird.

Und was sehen wir bei Individuen, die durch irgend eine,
congenitale oder pathologische, Ursache des vollen Gebrauches
der rechten Hand beraubt sind, und sich desshalb zum Schreiben
der linken bedienen müssen? Sie schreiben, zumal wenn sie
schnell, also möglichst bequem schreiben wollen, fast immer in
Abduction, und ein Vergleich ihrer linkshändig ausgeführten Ab-
ductions- mit Adductionsschrift ergibt sofort, dass die erstere viel
fliessender und glatter ausgeführt wird.

Das bekannteste Beispiel einer solchen linkshändigen Abductionsschrift
ist der in der Ambrosianischen Bibliothek zu Mailand befindliche Codex atlanticus des Leonardo da Vinci. Für gewöhnlich hat man für diese
eigenthümliche Schreibweise nur die Erklärung beizubringen gewusst, dass
Leonardo sein Werk den Augen oberflächlicher Leser verschliessen wollte:
die Sache verhält sich indessen wesentlich anders. In der Nationalbibliothek
zu Neapel befindet sich das Manuscripttagebuch des Geistlichen Antonio
de Beatis aus Melfetta, der im Jahre 1517 im Gefolge des Cardinal
de Aragona eine Reise durch Deutschland, die Niederlande und Frankreich
gemacht hat. Der Cardinal besuchte auf dieser Reise auch Leonardo da
Vinci, der in der Umgegend von Amboise in einer ihm von Franz I. ge-
schenkten Villa die letzten Jahre seines Lebens zubrachte. De Beatis sagt
in dem erwähnten Tagebuch von ihm, „dass nicht mehr viel Gutes
in der Malerei von ihm zu erwarten sei, da eine Lähmung der
rechten Hand ihn dazu untüchtig mache."*)
Hierin liegt die Auflösung des Räthsels, welches die eigenthümliche
Schrift Leonardo's in dem Codex atlanticus ihren Lesern bislang aufgegeben
hatte; er konnte mit der rechten Hand wegen Lähmung derselben nicht
mehr schreiben und musste sich darum der Linken dazu bedienen; da
schrieb er natürlicherweise so, wie es ihm am bequemsten war und am
leichtesten ging, das ist von rechts nach links.
Muss somit die Abductionsschrift als die allein zweckmässige
und natürliche angesehen werden, einerlei ob sie mit der rechten
oder mit der linken Hand ausgeführt wird, so drängen sich mit
dieser Annahme sofort zwei Fragen zur Beantwortung auf, von

---

*) Dr. Julius Schmidt. Gartenl. 1878. 16.

denen die eine, wie mir scheint, bis jetzt noch gar nie gestellt, die andere bisher nicht eingehend genug beantwortet wurde. Die erste hat ein grosses völker-physiologisches Interesse, die zweite vielleicht einen pathologischen, für die Localisation im Gehirn nicht unwesentlichen Werth. Wenn es auf der einen Seite feststeht, dass die Schriften der zu dem semitischen Sprachstamme gehörenden Völker — von den oben in der Anmerkung näher bezeichneten Ausnahmen sehe ich hier natürlich ab — von rechts nach links hin geschrieben wurden, und wenn es auf der anderen Seite als erwiesen anzusehen ist, dass für die zweckmässigste Ausführung der Schrift die Abductionsrichtung gelten muss, so frage ich: Haben die alten semitischen Völker mit der linken Hand geschrieben, oder haben sie wie die heutigen Juden, wenn sie Hebräisch schreiben, sich auch der rechten Hand bedient? Ich beantworte diese Frage dahin, dass ich die linkshändige Abductionsschrift bei ihnen voraussetze. Meine physiologischen Gründe, wenn ich so sagen darf, habe ich bereits für diese Ansicht oben auseinandergesetzt, und es könnte das durch Zweckmässigkeitsgründe motivirte physiologische Postulat einer solchen linkshändigen Schrift für die Voraussetzung der Thatsache genügen, selbst wenn es nicht gelänge, einen rein historischen Beweis für diese Annahme beizubringen. Diesen zu liefern, wenigstens für die alten Hebräer zu liefern, ist mir nun glücklicherweise nach unendlich vielen bis dahin vergeblichen Nachfragen bei Sprach- und Schriftgelehrten gelungen. Herrn Rabbiner Fromm zu Frankfurt a. M., den ich auch in dieser Angelegenheit interpellirte und für dieselbe interessirte, bin ich für seine hier einschlägigen Mittheilungen zu grossem Danke verpflichtet, den ich gerne an dieser Stelle ausspreche. Er schreibt mir:

„Im Thalmud (Tractat Menachot pag. 37 b.) wird der Grundsatz aufgestellt, dass die hebräische Inschrift der Gebetriemen (Tefillin) und der Pfostenschriften (Messussot) nur mit der rechten Hand ausgeführt werden dürfe; die Commentatoren sprechen sich jedoch dahin aus, dass in Ermangelung anderer Gebetriemen die mit der linken Hand geschriebenen zum Gebrauche erlaubt sind. (Schulchan Aruch Chajim Kap. 32, § 5.)“

Daraus geht zunächst in unzweideutiger Weise hervor, dass die linkshändig geschriebenen Gebetriemen und Pfostenschriften in grösserer Anzahl und häufiger vorhanden gewesen sein müssen, als rechtshändig ausgeführte, woraus der weitere Schluss sich von selbst ergibt, dass für gewöhnlich linkshändig geschrieben wurde. Es folgt ferner aus obiger Notiz, dass es sogar besonderer gesetzlicher Vorschriften bedurfte, um rechtshändig vollendete Schriftstücke zu erlangen.

Ist damit der historische Nachweis, wenigstens für die alten Hebräer, erbracht, dass sie mit der linken Hand geschrieben haben, so lässt sich daraus im Anschlusse an unsere heutige Anschauung über die feinere Einübung desjenigen Sprachcentrums, welches in der der schreibgewohnten Hand contralateralen Gehirnhemisphäre gelegen ist, schliessen, dass bei den alten Hebräern „Linkshändigkeit", also „Rechtshirnigkeit" bestand, dass bei ihnen also das geübtere Sprachcentrum in der rechten Broca'schen Windung gelegen war, und dass bei ihnen in pathologischen Fällen Aphasie mit linksseitiger Hemiplegie verbunden sein musste. Es würde damit einmal in sehr erheblicher concreter Weise die Ansicht Ecker's und C. Vogt's gestützt werden, die beide bekanntlich der Gratiolet'schen Behauptung, unsere Rechtshändigkeit sei die Folge der besseren Ernährung der linken Gehirnhälfte, widersprechen; und nach anderer, mehr allgemeiner Seite der darwinistischen Anschauung Förderung gewährt, dass die immer auszuführende, nothwendige Function die höhere Ausbildung und Gestaltung des sie beherrschenden, respective ausführenden Organes bedinge; nicht, dass der primäre Entwicklungsmodus des Organes secundär seine Function bestimme oder modificire. Nach der darwinistischen Theorie ist das Causalitätsverhältniss der Genese zwischen Organ und seiner peripherisch ablaufenden Function ein centripetales, das Organ passt sich der Function an, und es muss daher für unsern Fall vorausgesetzt werden, dass die alten Hebräer, gerade w e i l sie Linkshänder waren, ein besser ernährtes und höher ausgebildetes rechtes Gehirn gehabt haben.

Natürlicherweise müssen für alle diese Betrachtungen die Einschränkungen gelten, welche sich aus der Thatsache ergeben, dass jene alten Völker nicht in gleichem Maasse wie die heutigen des Schreibens kundig waren. Aber es folgt hieraus für unser heutiges rechtshändiges Culturleben die meiner Ansicht nach gar nicht zu bestreitende Thatsache, dass unsere Rechtshändigkeit, im Schreiben zuerst, dann aber in allen manuellen Fertigkeiten, die alleinige Folge unserer nach rechts hin laufenden Schrift ist. Denn die ersten Associations- und Coordinationsverrichtungen lernt das Kind beim Schreiben mit der rechten Hand, dem sich dann andere „Handarbeiten" sehr bald anschliessen, für deren Ausführung es von den rechtshändigen Eltern auf die rechte Hand angewiesen wird. Es dürfte daher in dem zeitlichen Beginne der gewohnheitsmässigen Benutzung der Gehirnhälften die linke vor der rechten entschieden den Vorzug haben, und diese, da ein Halborgan, welches in der häufigeren Ausübung der Function der anderen Hälfte voransteht, auch in der Ernährung ihr vorangeht, wesentlich besser genährt sein als die rechte. Wir sind also „Linkshirnig", weil wir „Rechtshändig" sind, nicht umgekehrt; und „Rechtshändig" sind wir, weil unsere Schrift mit der rechten Hand nach rechts hin geschrieben werden muss.

Pathologisch dürfte dieses Causalitätsverhältniss zwischen Rechtshändigkeit und Linkshirnigkeit einen Ausdruck finden in der bei dem Gelehrtenstande so häufigen und meiner persönlichen Erfahrung nach vorzugsweise linksseitig auftretenden Hemicranie.

Dass nicht alle Menschen schreiben können und doch rechtshändig sind, ist eine Thatsache, die sich weder leugnen lässt, noch meiner oben ausgesprochenen Ansicht zuwiderläuft. Bei diesen, die ja die erhebliche Minorität ausmachen, kommt eben das Princip der zweckmässigsten Nachahmung in Betracht; sie sehen die meisten ihrer Mitmenschen rechtshändig mit Erfolg arbeiten, also machen sie es ebenso.

Die zweite Frage, welche sich der Anschauung anschliesst, die zweckmässigste Schriftrichtung sei die Abduction, betrifft die von Buchwald eingeführte *) „Spiegelschrift", so genannt, weil sie mit Hülfe eines Spiegels gelesen werden muss, besser als linkshändige Abductionsschrift bezeichnet, und würde lauten, ob die Spiegelschrift nur das zweckmässigste, aber willkürliche Aushülfsmittel beim Schreiben rechtshändig Gelähmter darstellt,

---

*) Buchwald, Spiegelschrift bei Hirnkranken. Berlin. klin. Wochenschrift. 1878. 1

oder ob sie eine nothwendige Folge einer bestimmt localisirten Gehirnaffection, also eine Zwangsbewegung ist? Buchwald selbst hat die Beantwortung dieser Frage nicht eingehend präcisirt, obwohl die Anregung zu dieser Fragestellung und ihrer Antwort in einem seiner mitgetheilten Fälle enthalten ist.

Wir können uns ohne jeden Zwang vorstellen, dass ausser dem in der linken Gehirnhemisphäre vorhandenen Innervationscentrum für die gesammten Einzelbewegungen der rechten Oberextremität, in dieser selben linken Hemisphäre, mit jenem ersten Centrum verknüpft, ein Coordinationscentrum gelegen ist für gewisse Bewegungen beider Oberextremitäten nach rechts hin; ein ebensolches Centrum für Bewegungen beider Oberextremitäten nach links hin können wir in der rechten Hemisphäre voraussetzen. Wir müssen dann fernerhin annehmen, dass dasselbe in näherer, jedoch nicht definirbarer Verknüpfung mit dem Sprachcentrum stehe, so dass bei gewissen, indessen nicht ausnahmslos allen Affectionen des letzteren — ähnlich wie bei dem Verhältniss der Aphasie und Agraphie — auch das erstere einen Functionsausfall erlitte. Es würde dann z. B. bei einer Embolie der linken Sylvischen Arterie mit rechtsseitiger Hemiplegie, Aphasie und Spiegelschrift die Sache sich so gestalten, dass der Gelähmte für beide Hände nur noch die Fähigkeit nach links hin zu schreiben, also Spiegelschrift anzufertigen bewahrt hätte, und weder mit der rechten noch mit der linken Hand gewöhnliche Schrift schreiben könnte. Selbstredend kommt hierbei das Nachschreiben von Vorschriften nicht in Betracht.

Die Anregung zu dieser Auffassung finde ich, wie bereits erwähnt, in der Buchwald'schen Mittheilung selbst. Er schreibt: „Es handelte sich um einen 45jährigen Arbeiter, Gottlieb Gärtner, der unter den gewöhnlichen Symptomen einen apoplectischen Insult erlitten und eine rechtsseitige Hemiplegie davongetragen hatte. Er zeigte eine gemischte Aphasie, nachdem die Somnolenz, welche in den ersten Tagen nach dem Anfall vorhanden, geschwunden war. Die rechte Hand konnte zum Schreiben nicht verwendet werden und liessen wir ihn Versuche mit der linken Hand machen. Auffallend geschickt schrieb er mit derselben von rechts nach links seinen Namen etc. in Spiegelschrift. Ebenso geschickt wurden Zahlen von 1 bis 10 mit Ausnahme der 8, welche er anfangs vergessen hatte, aufgezeichnet. Auf sein Schreiben aufmerksam gemacht, konnte er anfangs nicht bewogen werden, in anderer Weise von links nach rechts zu schreiben. Auch Vorschreiben seines Namens sowie der richtigen Zahlen hatte nur zu Folge, dass er mit dem Nachmalen und zwar mit ungeschicktem begann, dann aber wieder in die ursprüngliche Spiegelschrift zurückfiel. Die Zahlen 1, 2, 4, 6, 8, 9 schreibt er endlich richtig nach, 3, 5, 7 hingegen werden trotzdem wieder in Spiegelschrift hingezeichnet. Werden ihm kleine Multiplications-exempel aufgegeben und die Zahlen richtig hingeschrieben, so wird von ihm das Facit in Spiegelschrift hinzugesetzt. — Patient wurde gegen $^1/_2$ Jahr auf der klinischen Abtheilung behandelt, und besserte sich allmälig die Aphasie, Agraphie und Alexie, den Hang zur Spiegelschrift sahen wir aber fortbestehen. Auch jetzt noch versuchte Patient mit Mühe von links nach rechts nachzuschreiben; es gehe nicht anders mit der linken Hand, meinte er, mit der rechten würde er schon richtig schreiben. Half er mit der linken Hand seiner rechten, so wurde einiges richtig geschrieben, anderes nicht. Am schwersten wurde es ihm, die 5 zu schreiben. Auch mit der rechten schrieb er jetzt noch die 5 in Spiegelschrift, mindestens zuletzt das Häckchen." Diese noch so kurze Krankengeschichte ist instruktiv. Zuerst konnte die rechte Hand überhaupt gar nicht zum Schreiben benutzt werden und die linke Hand schrieb „auffallend geschickt" sofort Spiegelschrift. Zur selben Zeit konnte er aber nicht bewogen werden, mit der linken Hand nach rechts hin selbst Gedachtes zu schreiben, nur das Nachmalen vorgeschriebener Worte und Zahlen gelang mühsam. Nach einem halben Jahre trat Besserung in der Bewegungsfähigkeit des bis dahin gänzlich gelähmten rechten Armes ein und Patient konnte rechtshändige Schreibversuche machen und diese ergaben vorwiegend Spiegelschrift. Wenigstens konnte die rechte Hand allein nach rechts laufende Schrift nicht produciren und verfiel sogar bei Mithülfe seitens der linken Hand wieder in die Spiegelschrift zurück. Also in Summa, wenigstens sehr erkenntlich angedeutet: Lähmung des linkshirnig locali-sirten Centrums für Schreibbewegungen b e i d e r Hände nach rechts hin.

Die beiden anderen Krankheitsgeschichten, welche B u c h - w a l d mittheilt, enthalten für die Lösung der gestellten Frage nichts; im zweiten ist über die Schreibfähigkeit der rechten Hand gar nichts erwähnt, beim dritten konnte mit der Rechten nach rechts hin geschrieben werden, mit der Linken dagegen nur Spiegelschrift. Es ist ja von vornherein leicht einzusehen, dass bei completer Lähmung der rechten Oberextremität die Frage überhaupt nicht zu beantworten ist, allein es mag doch immerhin auf diesen Punkt geachtet und bei geeigneten Fällen namentlich linkshändig der Versuch angestellt werden nach beiden Richtungen hin zu schreiben.

Bereits oben habe ich erwähnt, dass eine Nothwendigkeit des Vorkommens dieser Verhältnisse durchaus nicht vorliegt; praktisch werden sich vielmehr ungemein mannichfaltige symptomatologische Variationen ergeben, ebenso wie es bei Aphasie und Agraphie der Fall ist. Das aber scheint mir als wahrscheinlich angenommen werden zu können, wenn ich es auch klinisch nur durch den obigen einen Fall von Buchwald zu stützen vermag, nämlich dass es ein Centrum für Bewegungen beider Hände nach einer Richtung hin gibt, und zwar in der der Bewegungsrichtung contralateralen Hirnhälfte. Für den nachweisbaren Fall des Ausfalles dieses Centrums müssen wir die Spiegelschrift für etwas pathologisches, in jedem andern nur für ein bequemes und zweckmässiges Aushülfsmittel ansehen. Für den letzteren Fall mag denn auch die „Spiegelschrift" genügen, für den ersten möchte ich den Namen „Retrographie" vorschlagen und mit ihm den Begriff einer Zwangsbewegung verbinden. Buchwald spricht in dem obigen Falle von dem „Hang zur Spiegelschrift", es ist aber mehr als ein „Hang", es ist ein pathologisch bedingter „Zwang."

Meine eigenen Beobachtungen haben mir bis jetzt keine Retrographie ergeben, sondern immer nur Spiegelschrift. Ich füge hier (Tafel 1, Fig. 1) die Schriftproben eines rechtsseitig Gelähmten (rechtsseitige Hemiplegie mit Aphasie durch Embolie bei Herzfehler) bei, die sehr anschaulich sind; a ist mit der rechten Hand geschrieben und von allen vier Proben die holperigste und ungeschickteste; fast ebenso unbeholfen ist b, mit der linken Hand geschrieben. Dagegen sind c und d, beide in Spiegelschrift mit der linken Hand gefertigt, leicht, im Vergleich mit den beiden ersten sogar elegant zu nennen, ein sichtbarer Beweis für meine obenausgesprochene Ansicht, dass die links-

händige Abductionsschrift weil Centrifugalbewegung die zweckmässigste und natürlichste ist.

Zum Schlusse dieses Capitels sei es mir gestattet, zur Stütze
dieser meiner Anschauung noch einmal B u c h w a l d anzuführen.
Derselbe schreibt: „Eine grössere Zahl, namentlich wieder Kinder, schrieben dagegen scheinbar unbewusst mit der linken Hand
ebenso geschickt Spiegelschrift wie mit der rechten gewöhnliche
Schrift. Wurden sie aufmerksam gemacht, so staunten sie zunächst über das Geschriebene, dann meinten sie, mit der linken
Hand gehe dies ja nicht anders zu schreiben. Dann aber aufgefordert, doch in gewöhnlicher Weise von links nach rechts die
Buchstaben zu setzen, brachten sie es richtig fertig. Während
aber die Spiegelschrift in einer gewissen Schönheit geschrieben
wurde, erschien die gewöhnliche Schrift schlecht. Am inter-
essantesten war in dieser Beziehung ein kleines 11jähriges Mädchen, welches aufmerksam und langsam schreibend ihren Namen
sehr schlecht mit der linken Hand richtig zu Stande brachte,
aufgefordert, schnell zu schreiben, sofort in Spiegelschrift verfiel
und diese ungleich besser fertig brachte, obwohl sie ebenfalls
früher nie den Versuch gemacht hat, Spiegelschrift zu schreiben.
Es besteht somit bei einer ganzen Anzahl von Menschen namentlich Kindern, die Neigung, mit der linken Hand analoge Bewegungen von rechts nach links zu machen, d. h. Spiegelschrift zu
schreiben und wird das Schreiben vielen sehr leicht, während die
entgegengesetzten Bewegungen Schwierigkeiten machen."

Eine vollkommenere Bestätigung meiner eigenen Beobachtungen und Ansichten könnte ich nicht beibringen.

II. Capitel.

Die Mechanik des Schreibens. — Der Charakter der Schrift. — Schlussfolgerungen.

Das „Si duo idem faciunt, non est idem" kann, wenn überhaupt, so wohl nirgends mit grösserer Befugniss Geltung beanspruchen, als beim Schreiben und bei der Schrift, denn die Ausartung von den Vorschriften des Schreibunterrichtes findet sich geradezu bei jedem Individuum. Jeder — gewisse Einschränkungen dieses Satzes werden wir später kennen lernen — vollführt das Mechanische des Schreibens auf seine eigene Weise, ein Jeder producirt seine eigene, durch specifisch-individuelle Formen charakterisirte Schrift. Diese allgemeine Regellosigkeit könnte nun leicht zu der Annahme führen, als seien die Schulvorschriften für das Schreiben nicht richtig, als berücksichtigten sie nicht die zweckmässigsten Finger- resp. Handbewegungen, denn es muss doch die ganz allgemeine Ausartung in dieser Sache einen tiefer liegenden Grund haben, und kann nicht rein äusserlich bedingt sein. Die Schulvorschriften beziehen sich nur auf das Mechanische des Schreibens und stellen bestimmte Regeln auf über die Sitzstellung des Schreibenden, die Haltung des Armes, die Lage der Hand, die Führung der Feder, die Ausführung der einzelnen die Schrift zusammensetzenden Elemente etc., sie befassen sich aber nicht und können sich nicht befassen mit der geistigen, individuell verschiedenen Beeinflussung und Auffassung der Schrift. Ebenso wie der Clavierlehrer seinem Schüler nur die coordinirte Beherrschung seiner Fingermuskeln beizubringen vermag, und ihm die geistige Erfassung und geistig belebte Wiedergabe der Musik selbst überlassen muss, so bleibt auch das, was wir den Ausdruck der Schrift nennen, lediglich ein von den Schulregeln durchaus unabhängiger Alleinerwerb und Alleinbesitz des Individuums, nicht veränderlich, unübertragbar.

Doch davon wird später die Rede sein; zunächst möge das Physiologisch-mechanische einer etwas eingehenderen Betrachtung gewürdigt werden, denn es enthält eine Reihe von Punkten, welche bei der Beurtheilung pathologischer Formen zuvor wohl gekannt sein müssen.

Wenn ich die von der Schule aufgestellten Schreibregeln vom anatomisch-physiologischen Standpunkte aus betrachte, und namentlich die praktisch sehr wichtige Frage zur Beantwortung dränge, ob durch diese Vorschriften keiner musculären Kraftvergeudung Vorschub geleistet werde, ob also eine Ueberanstrengung der schreibenden Muskeln, eine Ermüdung, möglichst lange hintangehalten werden kann, so muss ich besonders die eine Vorschrift — andere sollen hier nicht berücksichtigt werden — als entschieden unzweckmässig bezeichnen, nach welcher die Haar- und Grundstriche, also die ganze Schrift mit der Hand ausgeführt werden sollen. Hierdurch wird entschieden eine Ueberproduction von Muskelkraft veranlasst, die sehr bald zur Ermüdung führen muss, und ich bin der festen Ueberzeugung, dass nicht zum wenigsten grade diese, höchst unphysiologische Vorschrift eine wesentliche Ursache ist der im Leben allgemein auftretenden Ausartung von der in der Schule mühsam erlernten Methode des Schreibens. Und in der That lehrt die Erfahrung, dass derjenige, welcher viel die Feder zu führen gezwungen ist, ganz instinctif die Schreib-bewegungen aus dem Handwurzelgelenk möglichst in die Fingergelenke zu legen bestrebt ist, weil diese viel geringere Bewegungsamplitüden gestatten und dadurch erheblich grössere Ausdauer ermöglichen. Ich werde der folgenden Auseinandersetzung auch diese Anschauung zu Grunde legen und vorzugsweise das durch die Fingergelenke vermittelte Schreiben berücksichtigen.

Allgemein möchte ich noch bemerken, dass die Gesetze der Längeninsufficienz polyarthrodialer Muskeln hier, da es sich beim Schreibakt um keine eigentliche Kraftentwicklung handelt, nur in untergeordneter Weise zur Geltung kommen, und dass sie höchstens beim Grundstrich, der durch die Beuger der Finger, resp. der Hand bei dorsalflectirter Handwurzel, also bei möglichster Spannung der Beuger gezogen wird, etwas deutlicher in die Erscheinung treten.

Beim Schreiben soll der Vorderarm auf die Unterlage, den Tisch, aufgelegt werden, und zwar in seiner ganzen Länge, vom

Ellenbogen bis zum Carpus. Die Hand ist durch Contraction des Extensor carpi radialis dorsalflectirt (extendirt), sodass der zwischen Vorderarm und Grundphalangen der Hand entstehende Winkel ungefähr 50—60 Grad beträgt; die Finger sind gebeugt. Der Vorderarm liegt nur auf seinem Ulnarrande auf; die Radialseite des Armes und der Hand kommen mit der Unterlage nirgend in Berührung. Der Vorderarm bis zum Os pisiforme am Carpus, speciell, wie ich gleich zeigen werde, sein hinterstes Ende, bildet den Hauptstützpunkt für die schreibende Hand und zwar den stabilen Punkt.

Neben diesem stabilen Punkt sind noch zwei andere Punkte namhaft zu machen, die ich im Gegensatze zu diesem, weil sie sich beim Schreibakte bewegen, als labile Stützpunkte bezeichnen will. Es ist das zunächst die Nagelphalanx des fünften Fingers, sodann die Spitze der Feder, welche schreibt.

Der fünfte Finger ist leicht gegen das Innere der Hand gebogen und liegt mit der Ulnarseite der Nagelphalanx auf der Unterlage auf; auf ihm ruht zunächst nur der vierte Finger. Die drei anderen Finger, durch ein kleines, Ausdauer und Elasticität der Schrift wesentlich förderndes Spatium, von diesen getrennt, dienen zum Halten der Feder. Diese ist zwischen den Nagelgliedern von Mittel- und Zeigefinger leicht gefasst, und wird von der Volarfläche des Daumennagelgliedes gegen jene angedrückt; sie verläuft (bei der oben angegeben Stellung der Hand) unter und neben dem Zeigefinger her, legt sich an den Interosseus extern. I. an und hat eine ungefähr der Ulnarverlängerung entsprechende Richtung. Sie ruht mit der Spitze auf dem Papier, und wird gegen dieses von der ganzen Hand leichter oder fester angedrückt und auf diesem beim Schreiben nach rechts hin weitergerückt. Dieses Weiterrücken macht auch die Nagelphalanx des fünften Fingers mit, und ich bezeichnete desshalb diese beiden Punkte als labile Stützpunkte.

Durch dieses Weiterrücken stellt der ganze Vorderarm mit der Hand bis zur Federspitze beim Schreiben einen Pendel dar, denn sein vorderes Ende, die beiden stabilen Stützpunkte, bewegen sich um das hintere als um einen festen Punkt. Liegt der ganze Vorderarm als Stütze auf der Unterlage auf, so bildet der Condylus internus humeri den fixen Punkt; liegt er dagegen nur zum Theil auf, so ist der Drehpunkt genau dem Theile des Armes entsprechend, der auf der Kante des Tisches ruht. Um diesen festen Punkt bewegt sich der schreibende Arm, und wir müssen daher nach einfachen physikalischen Gesetzen, in der Richtung eines Kreisbogens schreiben, dessen Radius genau so lang ist, als die Entfernung von der Spitze der Feder bis zum stabilen Stützpunkt des Vorderarmes. Diese Pendelbewegung beim Schreibakte ist der Grund, wesshalb das gerade Schreiben ohne vorgeschriebene Linien, oder untergelegtes Linienblatt Vielen so schwer wird; es ist eben die in einem Kreisbogen verlaufende Schrift das natürliche Verhalten, und die Ausführung einer geradlinigen Schrift erfordert einen corrigirenden Zwang und Augenmaass, die anzuwenden nicht Jedem gegeben ist. Dass nicht immer die gebogene Linie der Schrift anschaulich wird, sondern oft einfach als schief imponirt, liegt meist an der üblichen Schmalheit des Papieres. Ein historisches Beispiel schiefer Schrift ist das Manuscript von Alexander v. Humboldt's Kosmos.

Eine genaue Analyse des complicirten Muskelspieles bei der Ausführung der Schrift wird am besten durch die Betrachtung der Haupt- oder Elementarformen gewonnen, aus denen sich jeder einzelne Buchstabe, also auch die gesammte Schrift zusammensetzt. Ausser Haar- und Grundstrichen — Auf- und Niederstrichen — die stets in geraden Formen verlaufen, kommen in der Schrift noch gebogene Striche vor. *) Diese stellen verschiedene Theile einer Kreislinie von variablem Radius dar und werden theils nach links (rückläufig), theils nach rechts (vorläufig) gezogen. Bezieht man alle diese einfachsten Bewegungen auf die des in Schreibstellung befindlichen Zeigefingers, so kann man, ohne dabei einen groben Fehler zu begehen, sagen:

Haarstriche (Aufstriche) entstehen durch Extension,
Grundstriche (Niederstriche) entstehen durch Flexion,
Bogenstriche a) nach links laufende erfolgen durch Adduction,
        b) nach rechts laufende erfolgen durch Abduction.

_____

*) Hamberger l. c. gibt verschiedene Arten von Buchstaben an: a) kreisförmige (die alten nordischen Völker), b) perpendiculäre (indianische Völker, jedoch mit dem Unterschiede, dass einige von unten hinauf schreiben wie die Einwohner der Philippinen, andere von oben herunter und zwar von rechts nach links, wie die Chinesen, Japaner und Tartaren, und von links nach rechts die Jugurenser); c) horizontale.

Eine eingehende Betrachtung ergibt hier Folgendes:

Bei dem Haar- oder Aufstrich kommen in Thätigkeit zunächst die Extensoren der beiden die Feder haltenden Finger (Zeige- und Mittelfinger), sodann Muskeln, welche eine Bewegung des Daumens bewirken, die sich im Sinne der Extension der beiden eben genannten Finger vollzieht; denn da der Daumen die Feder gegen jene beiden Finger andrückt und in ihrer Stellung daselbst fixirt, so muss er auch nothwendig jenen Extensionsbewegungen folgen. Die Strecker der Zeige- und Mittelfinger sind zunächst der Extensor digit. communis, der nach den Untersuchungen von Ferber und Gassner*) alle drei Fingerglieder streckt; dann der mit dessen zum Index führenden Sehne sich verbindende Extensor indicis proprius, endlich die Interossei, welche Mittel- und Nagelphalangen extendiren. Das Nagelglied des Daumens ist bei Ruhestellung der Hand durch Contraction des Flexor pollicis longus gebeugt; dieses Glied wird bei Ausführung des Aufstriches gestreckt durch Contraction des Extensor poll. longus. Gleichzeitig geschieht eine voranschiebende Adduction des Daumens gegen den Zeigefinger hin durch den Adductor pollicis und den Opponens pollicis. Es kommen also beim Aufstrich folgende Muskeln in Thätigkeit: Extensor dig. comm. und Interossei für Zeige- und Mittelfinger, von denen der erstere vom N. radialis, die zweite Gruppe vom N. ulnaris innervirt werden; für den Daumen der Extensor poll. longus, der Opponens und der Adductor pollicis, die beherrscht werden vom N. radialis, medianus und ulnaris. Es wirken also alle drei Vorderarm- resp. Hand- und Fingernerven bei der Ausführung des Aufstriches mit, der sich somit keineswegs als eine einfache Muskelthätigkeit erweist.

Der Grund- oder Niederstrich ist vorzugsweise eine Flexorenwirkung. Es kommt hier zur Wirkung der Flexor digit. comm. profundus, der die Nagelphalanx beugt und dadurch auf die unter ihr befindliche Feder einen abwärts gerichteten Druck ausübt. Bei denjenigen, welche sich eine mehr pronirte Haltung der Hand beim Schreiben angewöhnt haben und bei denen dann auch noch das Mittelglied des Zeigefingers seinen Druck auf die Feder ausübt, kommt auch der Flexor digit. comm. sublimis, der

---

*) Ferber und Gassner, Experimentelle Untersuchungen über die Wirkung der Fingerstrecker. Archiv f. Psych. VII. 1. Heft.

Beuger des Mittelgliedes, zur Geltung. Schliesslich zieht am Daumen der Flexor poll. longus, und beim Schreiben sehr grosser Buchstaben, wo ein grösserer Bewegungsumfang der Finger nothwendig wird, der sich dann auch auf die Hand überträgt, der Flexor carpi radialis. Die Innervation wird für die Ausführung des Grundstriches vom N. medianus (Flexor dig. comm. prof. und subl., Flexor poll. long., flexor carpi radial.) und N. ulnaris (flexor dig. comm. prof.) besorgt.

Was endlich die B o g e n s t r i c h e anlangt, so sind zur Ausführung derselben die Abductoren und Adductoren der Finger (Metacarpophalangeal-Gelenke) resp. des Carpus nothwendig, je nachdem vor- oder rückläufige Striche gezogen werden sollen. Die in der Richtung nach rechts hin weiterschreitende Schrift am Meisten unterstützende sind r ü c k l ä u f i g e B o g e n s t r i c h e (*a, b, c, d, &*), die von rechts nach links ziehen; sie kommen fast bei allen Buchstaben vor. Bei ihrer Ausführung ist meist der Interosseus extern. primus, der bei stark supinirter Hand ein Adductor indicis wird, thätig; ferner der Flexor carpi radialis und der Abductor pollicis. Ersterer wird vom Ulnaris innervirt, der zweite vom Medianus, der letzte vom Radialis.

Die v o r a n l ä u f i g e n Bogenstriche (*β, β, γ*) werden theils durch diejenigen Muskeln des Daumenballens ausgeführt, welche den Daumen gegen die Hohlhand ziehen und dadurch einen die ganze Hand voranbewegenden Druck ausüben, theils durch direkt am Carpus angreifende Contractionen producirt; für letzteren Fall tritt vorzugsweise der vom N. radialis innervirte Ext. carpi ulnaris ein. Die besonders thätigen Muskeln des Thenar sind der Opponens (Medianus) und Adductor pollicis (Ulnaris).

Bogenstriche, die nach oben concav sind, wie z. B. der Bogen über dem deutschen kleinen u stellen die complicirtesten Bewegungen vor, da sie sich aus sämmtlichen Elementarstrichen zusammensetzen.

Diese lückenhaften anatomischen Andeutungen mögen genügen als Hinweis auf den ebenso complicirten, wie feinen Mechanismus, der zum Schreiben in Thätigkeit gesetzt werden muss. Als wichtigstes Resultat dieser Betrachtungen hebt sich die Thatsache hervor, dass keine, selbst nicht die einfachste Verrichtung beim Schreiben eine Einzelleistung eines isolirten Nerven darstellt, vielmehr sind alle drei, oder doch immer zwei Nerven bei jedem Akte gemeinschaftlich beschäftigt. Die Haarstriche werden ausgeführt durch Innervation von Ulnaris, Radialis und Medianus. Bei den Grundstrichen wirken Medianus und Ulnaris, bei den Bogenstrichen, rück- wie voranläufigen, wieder alle drei Nerven gemeinschaftlich. Hieraus ergiebt sich dann für die Pathologie das bemerkenswerthe Factum, dass die isolirte Lähmung eines der drei Nerven niemals den vollständigen Ausfall einer bestimmten Schreibbewegung zur Folge haben kann, dass sie sich vielmehr, weil jeder Nerv bei allen Schreibbewegungen betheiligt ist, bei allen bemerkbar machen muss; es wird also sofort durch Lähmung eines Nerven in der ganzen Schrift diese Alteration sich documentiren. Eine Ausnahme hiervon beansprucht die isolirte Radialislähmung, die, da der N. radialis nicht bei dem Schreiben der Grundstriche functionirt, auch bei diesen nicht in die Erscheinung treten kann.

Ja die Teleologie geht hier sogar so weit, dass für jede einzelne Bewegung immer zwei Nerven zur Verfügung stehen, so dass, wenn einer der beiden Nerven durch irgend einen pathologischen Prozess seine Mitwirkung einstellen muss, die Function desselben von dem anderen übernommen werden kann. Bleiben wir exempli gratia beim Haarstrich. Die zur Ausführung desselben nothwendige Extension des Zeige- und Mittelfingers wird vom Extensor dig. comm. und von den Interosseis bewirkt; ersterer streckt alle drei Phalangen der Finger, letztere die Mittel- und Nagelphalangen, jeder einzelne kann also einen Aufstrich ausführen. Der Extensor wird vom N. radialis, die Interossei vom N. ulnaris innervirt. Dasselbe Verhalten ist bei allen andern Elementarbewegungen nachweisbar.

So complicirt nun auch die gesammten Bewegungen der Finger und der Hand beim Schreiben sich darstellen, so lassen sie sich doch, wie wir gesehen haben, auf ziemlich einfache Verhältnisse, die sich bei jedem Indvidiuum in scheinbar gleicher Weise wiederholen, zurückführen. Man sollte daher a priori annehmen, dass alle Menschen, die überhaupt schreiben können und über synergische Muskelinnervation verfügen, eine gleiche Handschrift hätten. Dass dem nicht so ist, bedarf keiner weiteren Erwähnung und dennoch lässt sich auf der anderen Seite nicht übersehen, dass der Handschrift gewisser Berufsclassen in grossen Zügen gewisse ähnliche und unter sich übereinstimmende

Typen aufgeprägt sind. Wer kennte nicht die holperige, eckige, grossbuchstabige ohne alle Geschmeidigkeit der Form ausgeführte Schrift der ungebildeten, des Schreibens ungewohnten Classe? Wer hätte nicht schon in stillem Verdruss einen Brief zu entziffern sich abgemüht, der durch den einen Typus der Unleserlichkeit seine Herkunft aus dem Gelehrtenstande hinreichend documentirte? Und weiter, wem ist die Kaufmannsschrift unbekannt, jene regelrecht aneinandergefügten Buchstaben, in denen man allen Ausdruck vermisst?

Schrift ohne Ausdruck! Dies führt uns sofort mitten in die schon oben angedeutete Erklärung hinein. Es ist nicht das wohlcoordinirte Muskelspiel, das die Schrift in ihrer individuellen Eigenthümlichkeit construirt, sondern es ist die geistige vis a tergo, welche die Innervation beherrscht und mehr in sie hineinlegt als die Wärme erzeugende Contraction einer Muskelfibrille, sie gibt der Schrift einen Hauch unserer Gedanken, unserer Art und unserer Stimmung, die zusammen jenes eigenartige Gepräge ausmachen, das man den Charakter der Schrift nennt, und das bei jeder Schrift sich immer wiederholt, und sie immer als eine ganz bestimmte, einem bestimmten Individuum zugehörige erkennen lässt. „Ha, dass wir nicht unmittelbar mit den Augen malen; Auf dem langen Wege aus dem Auge durch den Arm in den Pinsel, wie viel geht da verloren! — Oder meinen Sie, Prinz, dass Raphael nicht das grösste malerische Genie gewesen wäre, wenn er unglücklicher Weise ohne Hände wäre geboren worden?" Diese Worte, die Lessing dem Maler Conti in den Mund legt,*) können in gleicher Berechtigung für die Schrift gelten und enthalten vollständig die Erklärung für diese. Wir schreiben geistig und mechanisch, wir gebrauchen, materiell ausgedrückt, zum Schreiben Gehirn und Hand. Nur die letztere wird in der Schule angelernt und geübt und darum haben auch alle Schreibschüler annähernd die gleiche Schrift, die sich sofort verändert und von jenen leblosen Zügen abwendet, wenn der Schüler älter wird, und selbständig geistig thätig wird.

Wie sehr die Schrift durch das momentane Verhalten unserer Gemüthsstimmung beeinflusst wird, kann Jeder leicht an sich selbst beobachten. Wir brauchen nur z. B. einen Brief, in wel-

---

*) Emilia Galotti, I. Aufz. 4. Auftritt.

chem wir uns für ein uns erfreuendes Geschenk bedanken, zu
vergleichen mit einem solchen, in welchem wir eine ärgerliche
Stimmung über eine uns widerfahrene Unbill zum Ausdruck
bringen; der Unterschied in der Schrift beider Briefe ist sofort in
die Augen fallend.

Dieses eigene Gepräge der Schrift, das man ihren Charakter
nennt, hat man auch zu benützen versucht, um daraus wieder
Rückschlüsse auf den Charakter, die Gemüthsart, alle möglichen
guten und schlechten Eigenschaften, Anlagen, Fehler, Triebe etc.
etc. zu ziehen, es will mir aber scheinen, als seien diese Be-
strebungen viel mehr zu einer Spielerei ausgeartet, als dass sie
zu wirklich wissenschaftlich begründeten — wenn überhaupt
begründbaren — und wieder verwerthbaren Resultaten geführt
hätten.

Beim Schlusse dieses Capitels will ich aus den in demselben niedergelegten Auseinandersetzungen, welche für die Pathologie der Schrift, wie sich in den nächsten Capiteln ergeben
wird, von Bedeutung sind, übersichtlich zusammenstellen. Es sind
folgende:

1. Das Schreiben ist eine coordinirte Bewegung und wird
ausgeführt durch Contraction gewisser Muskelgruppen an Vorderarm, Hand und Fingern.

2. Die Schrift erhält durch psychischen Einfluss ihren individuellen Ausdruck, ihren Charakter.

3. Wir schreiben in gerader Linie, obwohl die natürliche,
physicalisch bedingte Richtungslinie unserer Handschrift eine
Bogenlinie, ein Theil eines Kreises ist, dessen Radius der Grösse
der Entfernung entspricht von der Federspitze bis zum festen
Drehpunkt des Vorderarms.

4. Haar- und Grundstriche werden in geraden, Bogenstriche
in geschwungenen runden Linien ausgeführt.

5. Keine Einzelbewegung beim Schreiben erfolgt durch Innervation eines einzelnen Nerven; es sind vielmehr für jede Bewegung mindestens immer zwei Nerven vorhanden.

6. Jedes Individuum hat im normalen Zustande eine durch
bestimmten Typus als ihm eigenthümlich sich kennzeichnende
Handschrift.

Schon aus vorstehenden Mittheilungen wird sich der Leser selbst ohne Mühe die Eintheilung construirt haben, die bei der Besprechung der pathologischen Schriftformen zu Grunde zu legen ist. Wir schreiben durch Gehirn und Hand, sagte ich oben, in Kürze die geistige Beeinflussung des körperlichen Mechanismus andeutend, und demgemäss fassen wir die Veränderungen der Schrift auf als psychische und mechanische.

Die mechanischen Veränderungen der Schrift sind solche, welche sich durch eine abnorme Ausführung der äusserlichen Darstellung markiren und durch welche keinerlei Sinnfehler in die Schrift kommen; die formal alterirte Schrift erscheint nur undeutlich, event. unleserlich, also formfalsch, nie sinnfalsch.

Die psychischen Alterationen der Schrift widersprechen der Orthographie, der Formenlehre und Syntax, also der Grammatik; ich fasse sie zusammen unter dem Namen Dysgrammatographie. Diese kann durchaus formrichtig sein, ohne es jedoch sein zu müssen. Wir werden sehen, dass sich diese Form mit den beiden Formen formaler Störung sehr häufig verbindet.

Die mechanischen Schriftstörungen theile ich ein in:

    a) die atactische Schrift und

    b) die Zitterschrift.

Die psychischen Schriftveränderungen, die Dysgrammatographien, zerfallen in:

    I. Die bewusst zwangsartigen, dahin gehören:

        a) die Agraphie,

        b) die Paragraphie.

    II. Die willkürlich unbewussten, dahin zählt:

        c) die Schrift der Paralytiker.

Unter Paralytiker verstehe ich in Folgendem immer die an der allgemeinen fortschreitenden Paralyse der Irren Erkrankten.

Die durch Schreibekrampf, die bekannteste die Schrift störende Krankheit bedingten Alterationen der Schrift können eine besondere Besprechung nicht beanspruchen, da sie eine für sich und durch sich selbst charakterisirte Schriftstörung nicht vorstellen, vielmehr in ihren verschiedenartigen Formen immer unter die anderen von mir aufgestellten mechanischen Störungen subsumiren. Nur muss dabei noch bemerkt werden, dass der Schreibekrampf in so heftiger Weise auftreten kann, dass überhaupt der Schreibakt absolut unmöglich wird. Das wäre dann eine Form mechanischer Agraphie, die aber eben so geringen semiotischen Werth hätte, als die etwa durch Amputation der rechten Hand bedingte.

III. Capitel.

Die atactische Schrift. Definition. Physiologisches und pathologisches Vorkommen. Beispiele.

Der aus der Pathologie des Ganges her feststehende und allgemein geläufige Begriff der Ataxie erleichtert die Definition der atactischen Schrift so, dass ich dieselbe beinahe ganz umgehen könnte, ohne dabei eine mangelhafte Deutlichkeit der Darstellung befürchten zu müssen. Immerhin will ich bemerken, dass die fragliche Schriftabart sich durch eine excessive Ausführung der einzelnen Buchstaben legitimirt, die wohl die Möglichkeit sich bewahren können, überhaupt erkannt zu werden, bei deren Anfertigung aber jede Rücksicht auf Geradheit, Grösse und Lage der einzelnen, den Buchstaben zusammensetzenden Theile ausser Acht gelassen wird. Im wilden, ausfahrenden Zuge wird der Haarstrich gezogen; der Grundstrich wird dicker, fester, länger als normal; die Windungen und Biegungen verlieren ihre Rundung, werden eckig, zu gross; der eine Buchstabe wird kleiner als sein Nachbar, der andere grösser; die gerade Richtung wird nicht eingehalten, und die einzelnen Worte stehen zu einander in schiefen, sich kreuzenden Linien — die ganze Schrift bekommt mit einem Wort ein ungeschlachtes, unbeholfenes und unordentliches Aussehen. Dies Alles kann natürlich nur auf Kosten der Deutlichkeit geschehen, und es ist leicht begreiflich, dass die atactische Schrift in der That nicht selten ganz unleserlich wird. Nach diesen sehr charakteristischen Merkmalen dürfte es in allen Fällen leicht sein, atactische Schrift zu erkennen.

Die atactische Schrift kommt physiologisch vor bei dem Kinde, welches schreiben lernt. Es wird damit der Beweis geliefert, dass sie begründet ist in einer noch nicht auf die richtige Coordination der einzelnen Muskelbewegungen gehörig eingeschliffenen Innervation. Die Uebung und tägliche Wiederholung derselben Bewegungen durch dieselben Muskelcontractionen lassen allmählich die ursprünglich atactische Schrift regelmässigere, dem Normalen sich nähernde Formen annehmen; die Innervationsbahnen üben sich eben ein, und mit der stätig weitergeführten Uebung lernt das älter werdende Kind nach und nach regelmässig schreiben.

Werden dann späterhin durch irgend einen beliebigen pathologischen Vorgang in dieser wohleingeübten Coordination Störungen etablirt, so treten wieder die kindlichen atactischen Schriftzüge auf, denen aber natürlich unter solchen Verhältnissen kein physiologischer, sondern ein pathologischer Charakter beizulegen ist.

Pathologisch kommt die atactische Schrift vor bei allen Affectionen, durch welche eine abnorme Coordination der zum Schreibakte nothwendigen, und bislang richtig functionirenden Muskeln gesetzt wird. Es gehören hierher zunächst diffuse oder umschriebene Erkrankungen einer oder beider Grosshirnhemisphären, durch die Leitungsstörungen in ihren Bahnen herbeigeführt werden, welche die Verbindung herstellen zwischen der Hirnrinde und den coordinirenden Centren.

Ferner rechne ich zu diesen cerebral bedingten Coordinations·störungen die Ataxie nach acuten Infectionskrankheiten, ganz besonders nach schweren, unter sehr hohem Fieber verlaufenden mit lange dauernden Delirien verbundenen Typhen. Diese posttyphöse Ataxie scheint mir mit einer Steigerung der Sehnenreflexe verbunden zu sein, und unterscheidet sich dadurch von der Ataxie bei der Degeneration der spinalen Hinterstränge, die ja bekanntlich mit Erlöschen der Sehnenreflexe auftritt. Uebrigens tritt bei cerebralen Erkrankungen mit oben näher angedeuteter Localisation die Ataxie, resp. die atactische Schrift nicht ausnahmslos ein, ein Umstand, der leicht verständlich ist, wenn man berücksichtigt, ein wie weit verbreitetes System die coordinirenden Centren darstellen, und wie leicht es dabei möglich ist, besonders bei Herdaffectionen, dass noch völlig intacte Bahnen übrig bleiben können.

Es zählt weiter hierher die spinale Ataxie bei grauer Degeneration der Hinterstränge, die natürlicherweise für die vorliegende Frage nur bei Localisation im Halstheile des Markes in Betracht kommen kann.

Auch bei cerebellaren Erkrankungen darf unter gewissen Verhältnissen a priori die atactische Schrift erwartet werden. Endlich wird bei Alkoholintoxication, Chloralvergiftung und schweren Ermüdungen atactische Schrift beobachtet, die dann als s. g. functionelle Ataxie aufzufassen ist. Speciell muss erwähnt werden, dass von den verschiedenen Stadien der Chloral- und Alkoholintoxication nur das der Vergiftung, resp. des Rausches hier in Betracht kommt; die anderen Stadien bieten andere Schriftformen dar. Bezüglich schwerer Ermüdungen bemerke ich, dass eine atactische Schrift durch solche jeden Augenblick leicht erzeugt werden kann; man nehme nur ein schweres Gewicht in die Hand, und mache eine Viertelstunde lang mit demselben s. g. Hantelübungen. Schreibt man dann vor und nach diesen Uebungen dieselben Worte nieder, so wird unschwer die zuletzt angefertigte Schrift als atactische erkannt werden können.

Gewisse Formen des Schreibekrampfes können auch atactische Schriftzüge produciren.

Gehen wir nun dazu über, die auf den beigefügten Tafeln wiedergegebenen Beispiele atactischer Schrift eingehender zu betrachten.

Taf. 1, Fig. 2 gibt einen Schreibversuch wieder, den ich mein 3½jähriges Töchterchen habe anstellen lassen. Das zuerst stehende Zeichen ist ihr vorgeschrieben worden, während sie die vier folgenden Buchstaben mit Bleistift nachgebildet hat. Die zwei Haarstriche im ersten ihrer Buchstaben sind ziemlich gut gerathen, gehen auch nicht allzuweit, weder nach oben, noch nach unten über die begrenzenden Linien hinaus; dagegen ist der Grundstrich recht bucklig und zu weit ausfahrend, wodurch das Spatium zwischen den beiden Haarstrichen viel zu gross geworden ist. Der zweite Buchstabe zeigt fast nur gebogene Striche, jede Geradheit ist ihm abhanden gekommen; der dritte schiesst oben und unten über die Grenze hinaus, der vierte enthält in jedem der drei Striche — im Grundstrich nur gering angedeutet — einen Winkel. Deutlicher kann eine atactische Schrift — hier ist es die physiologische Art — meiner Ueberzeugung nach nicht dargestellt werden; es sind gewissermaassen Typen der Unregelmässigkeit, denen wir späterhin bei den pathologischen Formen noch häufig begegnen werden.

Das folgende Beispiel (Taf. 2, Fig. 4 a) stellt eine Ataxie nach Typhus dar; es ist der Feldpostbrief eines Typhusreconvalescenten aus dem Feldzuge 1870/71. Der Typhus war in dem betreffenden Falle ein sehr heftiger, die Delirien dauerten sehr lange, das Fieber wiederholt bis 41,2° C. gesteigert. Am ersten Tage nach dem Fieberabfalle wurde der Brief geschrieben, an welchen sich der Patient späterhin nicht mehr erinnern konnte. In jener Periode hatte sich auch ein sehr stark ausgeprägtes Stottern (Ataxie der Zunge) eingestellt, welches über 8 Tage lang anhielt; gleichzeitig konnte Patient kaum gehen (Ataxie der Beine), und war sehr schwerhörig, obwohl er nicht viel Chinin genommen hatte. Das Significante unseres Beispieles ist vor allem die Unleserlichkeit, die man bei genauerem Zusehen begründet findet in der excessiven, geradezu wilden Darstellung jedes einzelnen Buchstabens. Auch dieses Beispiel, auf welches ich übrigens später noch zweimal recurriren werde, bietet ein treffliches Muster atactischer Schrift dar. Hier und da treten auch Spuren von Zitterschrift auf. Die geradezu nothwendige Uebersetzung ist gegeben in Fig. 4 e.

Für das Rückfallen in die natürliche Bogenlinie der Schrift unter pathologischen Verhältnissen — Kinder haben im Beginne ihrer Schreibstudien fast immer das Bestreben, in Bogenlinie zu schreiben — vermag das Beispiel Taf. 1, Fig. 3 einen sehr deutlichen Beleg zu bieten. Auch hier muss die Uebersetzung dazu gegeben werden: „Meiner lieben Schwester danke ich für Kuchen und Photographie und grüsse dieselbe tausendmal." Die erste Linie ist deutlich in Kreisbogenform ausgeführt, während die folgenden wieder mehr die gerade Linie einhalten. Sehr deutlich treten hier auch die übermässig stark und dick gezogenen Grundstriche hervor; die übrigen atactischen Zeichen sprechen auf's deutlichste für sich selbst. Neben diesen rein atactischen Symptomen sind noch andere augenfällige Störungen in dieser Probe leicht erkennbar, zu deren Erklärung kurz anticipirend hier gesagt sein mag, dass sie ein Beispiel der Schrift der Paralytiker darstellen. Die atactische Schrift findet sich überhaupt bei den meisten Paralytikern (Rindenerkrankung), jedoch niemals in ganz reiner Form, sondern sowohl mit Zitterschrift, als auch mit den der Paralytikerschrift eigenthümlichen Störungen verbunden; davon wird weiter unten genauer die Rede sein. Die vorliegende

Probe (Fig. 3) stammt von einem Kranken, welcher an Lues cerebri litt, die unter dem Bilde der allgemeinen fortschreitenden Paralyse verlief, und trotz aller auf's Energischste ausgeführten antisyphilitischen Curen in nicht ganz drei Jahren mit dem Tode endete. Aus der Zeit, in welcher die Schriftprobe von ihm verfasst wurde, will ich folgende Notizen aus dem Krankenjournal hier mittheilen: .

1875. August. Er neckt alle Kranken, sucht Schmutz und steckt ihn in die Taschen, hat ein Haus von Perlen, die ganze Welt ist sein. Rechtsseitige Parese. Er wiege 300 Centner; wiegt 113 Pfund.

September. Sehr aufgeregt, fängt mit Jedem Scandal an; las einen Brief seiner Schwester, was ihm aber sehr schwer wird. hielt das Papier bald nahe. bald weit ab, schloss mitunter das Auge beim Lesen. Ist in London, alle Menschen in Amerika und Spanien heissen wie er. Neue Serie (5) von Einreibungen (Ung. Hydr. cin. 5,0 pro die), kann nicht mehr nach dem Dictat schreiben; schlägt oft andere Kranke. Bei Tag und Nacht unreinlich; ist in Amerika und Australien, ist Alles, kann alles. Gewicht 116 Pfund.

October. Körperliche und geistige Abnahme, steckt Schmutz in Mund und Taschen, sammelt Steinchen, die er für Geld und Diamanten ausgibt. Scheint mit dem rechten Auge nicht zu sehen,*) fällt beim Stehen mit geschlossenen Augen nach rechts; leicht ärgerlich und aufgeregt. Gewicht 114 Pfund. Der Kranke starb im September 1877.

Ein weiteres ganz ausgezeichnetes Beispiel atactischer Schrift — allerdings mit Paralytikerschrift verbunden — ist die Probe Tafel 3, Fig. 5a: „Ich baue mir eine Villa für 3,000,000." Grosse und kleine Buchstaben, schiefe Linie, einzelne zu dicke Grundstriche, ganz colossal ausfahrende Züge bei der Unterschrift, der ausserdem noch im Grössenwahne des Kranken das adelnde v. vorgesetzt worden — charakterisiren diese Probe hinlänglich. Auch diese Probe stammt von einem an Gehirnsyphilis leidenden Kranken, der aber durch die eingeleitete Cur wesentlich gebessert worden ist; ich komme unten noch des Näheren auf diesen Fall zurück.

Weitere sehr instructive Beispiele sind nach Tafel 3, Fig. 6, das eine Combination von atactischer Zitterschrift und paralytischer Schrift darstellt, und von einem Paralytiker stammt, der in sehr rapider Weise seinem perniciösen Leiden erlegen ist; ferner Taf. 7, Fig. 14a eine wilde, mit dicken Grundstrichen gekennzeich-

---

*) Entweder Retinitis syphilitica, oder die in der neueren Zeit von Fürstner beschriebene damals noch nicht gekannte Sehstörung.

nete Schrift, auf die auch noch weiter unten zurückgegriffen werden wird. Ueberhaupt muss ich hier auf das Capitel über die Schrift der Paralytiker sowohl, wie auf das letzte Capitel verweisen, wo noch einmal einige der hier angezogenen Beipiele aufgenommen und von ganz anderer Seite beleuchtet werden sollen. Damit wäre die Darstellung des Wesens und des Vorkommens der atactischen Schrift erschöpft und können wir den Hauptinhalt derselben in kurzer Weise noch einmal, wie folgt, recapituliren:

1. Die atactische Schrift kommt physiologisch vor beim Kinde, welches schreiben lernt.

2. Sie kommt pathologisch vor in Folge aller Erkrankungen, welche Ataxie der Handbewegungen verursachen. Hierher gehören cerebrale, cerebellare und spinale Affectionen von bestimmter Localisation, ferner Alkoholintoxication, abnorme Ermüdung der Muskeln, gewisse Formen von Schreibekrampf.

3. Die atactische Schrift charakterisirt sich durch excessiv ausgeführte Buchstaben, durch mehr oder weniger grosse Unleserlichkeit, durch Rückfallen in die natürliche physikalisch begründete Bogenlinie der Schrift.

4. Die atactische Schrift kommt in reiner Form vor; sie kann sich aber auch verbinden mit der Zitterschrift und der Schrift der Paralytiker.

IV. Capitel.

Die Zitterschrift. Definition. Physiologisches und pathologisches Vorkommen. Beispiele.

Was unter Zittern verstanden wird, ist symptomatologisch hinreichend bekannt, und wenn wir uns jene ruhelosen, kleinen Excursionen und fortwährenden Bewegungen der Muskeln in schmaler Bewegungsamplitude auf die schreibende Hand übertragen denken, so wird die Vorstellung dessen, was unter Zitterschrift begriffen werden soll, gewiss in richtiger Weise ausfallen. Die Zitterschrift allein ohne Complication mit andern Schriftalterationen bleibt vor Allem immer leserlich. Sie weicht niemals von der geraden Richtung ab. Die einzelnen Buchstaben sind immer von gleicher Grösse. Die Schrift wird in langsamer und bedachter Ausführung auf das Papier gebracht, im Gegensatze zur atactischen Schrift, die ungestüm, stossend und ausfahrend gezogen wird. Sie charakterisirt sich dadurch, dass statt Haar- und Grundstrichen von geradliniger Ausführung solche geschrieben werden, welche allerlei kleine Biegungen und seitliche Ausweichungen darstellen, die oft genug das Aussehen einer Schlangen- oder Wellenlinie annehmen. Wellenlinien statt geraden Linien, das ist der Typus der Zitterschrift.

Die Zitterschrift kommt physiologisch vor im Alter. Der Gegensatz zwischen Jugend und Alter durch Ataxie und Tremor dargestellt tritt auch in der Schrift gleich wie im Gang, in der Sprache, selbst im geistigen Wollen und der Entschliessung sprechend in die Erscheinung. Pathologisch wird die Zitterschrift beobachtet unter allen jenen unzähligen Verhältnissen, welche Zitterbewegungen des Armes, der Hand und der Finger produciren. Ich verweise in dieser Hinsicht auf die fleissige Zusammenstellung von P. T. Möbius *).

Zunächst kommt die Zitterschrift vor unter dem Einflusse der Kälte, wie Jeder leicht an sich selbst erproben kann. Sodann wird sie beobachtet bei einer Reihe von Intoxicationen, von denen ich die mit Alkohol, Morphium, Chloralhydrat und Nicotin aus eigener Erfahrung anführe. Hier ist aber auf einen sehr wichtigen Umstand aufmerksam zu machen, nämlich das Stadium der Intoxication, das durchaus bei den verschiedenen Giften eine verschiedene Schrift erkennen lässt. Bei der Besprechung der atactischen Schrift habe ich unter den Ursachen derselben die Intoxication mit Chloralhydrat und Alkohol aufgeführt und hervorgehoben, dass nur im Stadium der Vergiftung resp. des Rausches Ataxie der Schrift, also analog der Ataxie der Sprache und des Ganges vorkomme. Hier führe ich den Alkoholismus und Chloralismus auch als ursächliches Moment für die Zitterschrift an, muss aber dabei hervorheben, dass hier nicht das Rauschstadium in Betracht kommt, sondern das Hungerstadium, das der Abstinenz. Morgens, wenn der Potator noch nüchtern ist, noch keinen Alkohol dem Organismus zugeführt hat, oder wenn ihm sonst, etwa bei einer Entziehungscur längere Zeit der Alkohol vorenthalten wird, bietet seine Schrift die Typen des Zitterns in auffälliger Weise dar. Später, wenn er durch Genuss einer gewissen Quantität Alkolols seiner Muskelinnervation eine gewisse Festigkeit gegeben hat, kann er in ganz regelmässiger Weise schreiben, so dass also in den verschiedenen Stadien der Alkoholintoxication drei verschiedenartige Schriften producirt werden können. Die Zitterschrift erhält sich auch noch eine individuell verschieden lange Zeit, nachdem der Potator dem Alkohol gänzlich entsagt hat. Ganz ähnlich verhalten sich Morphium und Chloralhydrat; auch der an den chronischen Abusus dieser in neuerer Zeit so missbräuchlich angewandten Gifte Gewöhnte schreibt im Stadium abstinentiae zitternd. Anders verhält sich dies beim Nicotin und zwar nach zwei Richtungen hin anders. Einmal bewirkt hier nicht das Stadium abstinentiae eine Schriftalteration, sondern der Tabaksrausch, die Vergiftung mit Nicotin

*) Einige Bemerkungen über das Zittern. Arch. d. Heilkunde Bd. 19, pag. 340 ff.

setzt eine derartige Veränderung; sodann bringt der Nicotinrausch nicht wie der Alkoholrausch atactische Schrift, sondern Zitterschrift hervor.

Die Zitterschrift kommt ferner vor bei disseminirter Sclerose, was früher schon von Charcot nachgewiesen worden ist. Ich vermuthe dasselbe bei rhythmischer Chorea der oberen Extremitäten und auch bei Paralysis agitans. Hierbei stellt sich möglicherweise noch eine gewisse Differenz zwischen der Schrift bei Sclerose und Paralysis agitans heraus, denn es wäre nicht unmöglich, dass sich das Intentionszittern bei Heerdsclerose, das sich ja von dem Tremor bei Schüttellähmung formell unterscheidet, auch in der Schrift zu einer von jener unterscheidbaren Darstellung brächte. Ich habe keine persönliche Erfahrung über diesen Punkt.

Endlich wird Zitterschrift beobachtet in der Verbindung mit der atactischen Schrift bei allgemeiner Paralyse.

Für die Betrachtung der Beispiele, zu der wir jetzt schreiten wollen, rathe ich, ein Convexglas zu gebrauchen, mit dessen Hülfe die häufig minimalen Wellenstriche der Schrift erheblich genauer erkannt werden können.

Taf. 4, Fig. 7 stammt von einem über 60 Jahre alten Pfarrer, der körperlich noch ausserordentlich rüstig ist, und geistig in hohem Grade thätig und schaffend wirkt. Die Schrift verläuft in gerader Linie, ein Buchstabe ist genau so gross wie der andere, die Deutlichkeit hat nicht im Mindesten gelitten. Die kleinen seitlichen Zitterbewegungen lassen sich in allen Linien, auf- wie absteigenden, genau nachweisen und stellt somit diese Probe ein instructives Beispiel von reiner Zitterschrift, wie sie physiologisch bei alten Leuten beobachtet werden kann, dar. An dieser Stelle will ich mittheilen, dass ich von einem nahezu 70 Jahre alten Maler ein kleines Bildchen besitze, auf welchem ein Storch mit vollkommen korkzieherartigen Beinen dargestellt ist; gerade Beine vermochten ihm die alten zitternden Hände des Künstlers nicht mehr zu geben.

Die folgenden sind Proben pathologischer Zitterschrift. Fig. 8 stammt von einem Kranken, der an Epilepsia ex potu litt; die Probe ist geschrieben mehrere Monate nach dem letzten Anfall und in einer Zeit, wo jeder Abusus strengstens vermieden wurde. Sie dient mithin als Beweis der oben ausgesprochenen

Ansicht, dass noch lange nach Abgewöhnung des Alkohols, die seinem Abstinenzstadium eigenthümliche Zitterschrift persistire. Ein sehr interessantes Beispiel ist Fig. 9, das von einem nicht ganz 40 Jahre alten Rentner geschrieben ist, der hier in der Anstalt an leichter Melancholie behandelt wurde, und der die bestimmte Angabe machte, diese Schriftveränderung habe sich gleichzeitig mit seiner Gemüthsstimmung eingestellt. Sie blieb übrigens bestehen auch nach dem Eintritt seiner Genesung, und mag wohl doch schon ein physiologisches Zeichen früh eingetretenen Alters repräsentiren. Er zitterte ziemlich stark mit beiden Händen in der Richtung von Flexion und Extension. Eine genauere Betrachtung dieser Probe und Vergleich mit Fig. 7 ergibt noch Folgendes. Bei Fig. 7 laufen die kleinen zitternden Bewegungen seitlich, von rechts nach links oder umgekehrt. In Fig. 9 bewegen sich die Schlangenlinien in einigen Fällen von oben nach unten, vertical. Den untersten Punkt, der bei der Fortbewegung der Schrift berührt wird, stellt die Fläche des Papiers dar, und da der oberste höher als diese liegt, so müssen natürlich Lücken in die Schrift kommen, die dadurch ein punktirtes Aussehen erhält. Vorzugsweise ist dies eigenthümliche, gleich näher zu erklärende Verhalten an den Haarstrichen bemerkbar, obwohl keineswegs an sämmtlichen, denn eine ganze Reihe anderer zeigen deutliche seitliche Excursionen. Die Grundstriche indessen sind gänzlich frei von den verticalen Zitterbewegungen und zeigen nur hie und da einige wenige seitliche Excursionen. Die Bogenstriche, sowohl die rück- wie die voranläufigen, zeigen ebenfalls in deutlicher Weise Zitterbewegungen, und zwar kann man auch hier eine gleiche Differenz nachweisen. Die voranläufigen, welche mehr dem Charakter der Auf- oder Haarstriche entsprechen, zeigen die Wellenbewegungen deutlicher ausgeprägt und haben verticale Formen, während die rückläufigen, den Grundstrichen ähnliche, fast keine, oder doch nur seitliche aufweisen. Lässt dies Verhalten, das sich in der angegebenen Form wesentlich von dem bei den vorher mitgetheilten Proben, wo Auf- und Niederstriche gleichfalls zittern, unterscheidet, auf ein besonderes, bestimmtes Verhalten schliessen? Ich glaube nicht zu irren, wenn ich in diesem Falle auf eine allein auf den N. radialis isolirte Innervationsstörung schliesse, und zwar aus folgenden Gründen.

Der N. radialis innervirt den Extensor digit. comm., jenen Muskel, der, wie im II. Capitel gezeigt worden ist, zur Ausführung des Haarstriches in erster Linie mitwirkt. Es bethätigen sich zwar an dieser Bewegung auch noch die Interossei, die vom Ulnaris beherrscht werden, allein der Extensor dürfte doch einmal seines grössern Querschnittes wegen, dann wegen seiner grösseren Länge, wodurch er also einen längeren, kräftiger wirkenden Hebelarm darstellt, vor jenen das Uebergewicht haben. Besteht nun durch Innervationsstörung im N. radialis ein Zittern im Extensor dig. comm., so muss sich dieses natürlich auch im Sinne seiner physiologischen Zugrichtung geltend machen, also bei der Schreibstellung der Hand in einem Abheben der Federspitze von dem Papier. Dass diese Störung durch die Wirkung der vom Ulnaris beherrschten und intakten Interossei nicht paralysirt werden kann, liegt eben in der inferioren Leistungsfähigkeit dieses Muskels gegenüber jenem. Für diese auf den Radialis isolirte Innervationsstörung sprechen ferner die durchgehend geraden Grundstriche, was ja nach den oben gegebenen anatomischen Erörterungen nicht anders erwartet werden kann, da der Radialis bei der Bildung des Grundstriches nicht betheiligt ist. Ein fortwährendes, schnell auf einander folgendes Contrahiren und Erschlaffen und darin besteht ja das Zittern, wird bei Radialisstörung auch in dem von ihm innervirten Abductor pollicis vorhanden sein und werden diesem wohl die seitlichen Wellenbewegungen zuzuschreiben sein, da die Fortbewegung der Schrift ja nur durch die Haarstriche geschieht und bei der Bildung des Haarstriches der Radialis ausser beim Extensor dig. comm. nur bei dem Abductor poll. wirksam ist, dem ja vermöge seiner Zugrichtung hauptsächlich die nach rechts laufende seitliche Voranbewegung zuzuschreiben ist. Endlich spricht für diese Annahme der isolirten Störung das Auftreten von Zitterbewegungen bei allen Bogenstrichen, die ja alle vom Radialis mitgeschrieben werden.

Sehr nahe liegt es hier auch auf dem Wege des Experimentes den Beweis für die Richtigkeit der aufgestellten Behauptung anzustreben und ich bin in der Lage, denselben zu erbringen. Man lasse den Strom aus der secundären Spirale eines Inductionsapparates auf Radialis und Extensor dig. comm. einwirken und zwar in solcher Anordnung, dass ein Pol am Oberarm über dem Nerven, der andere am Vorderarm über der Masse des Muskels steht, und in genau so regulirter Stärke, dass die faradische Contraction des Extensors der zum Schreiben nöthigen und willkürlich producirten antagonistischen Contraction der Flexoren das Gleichgewicht hält. Sobald nämlich bei dieser Versuchsanordnung die Kette geschlossen wird, wird, nachdem die Hand zuvor in Schreibstellung gebracht und mit der Feder armirt worden, letztere sofort durch die faradische Extension der Finger vom Papiere entfernt. Tritt nun der willkürliche Gegenzug der Flexoren ein, der die Feder wieder auf das Papier herabziehen will, so entstehen durch dieses gegenseitig sich bekämpfende Muskelspiel Zitterbewegungen in verticaler Richtung, die bei den Auf- und Bogenstrichen sich zeigen und den Schriftzügen ein punktirtes Ansehen verleihen. Lässt man den Strom in möglichst langsamer Schlagfolge arbeiten, so gelingt der Versuch meistens ganz leicht und liefert sehr überzeugende Bilder. Nur muss man den Muskelpol genau auf den Extensor isoliren, damit Stromschleifen verhütet werden, denn in diesem Falle treten auch Zitterbewegungen bei den Niederstrichen ein.

Ich habe in Fig. 10 einige Beispiele eines solchen an mir selbst vorgenommenen Versuches mitgetheilt, welche hinreichend geeignet erscheinen, die Richtigkeit des Gesagten zu illustriren. Bei dieser Gelegenheit mag darauf hinzuweisen gestattet sein, dass überhaupt die Application des faradischen Stromes in obiger, für die anderen Nerven leicht modificirbarer Anordnung sehr zweckdienlich ersceint, um den höchst complicirten Schreibakt in seine Elementarbewegungen anatomisch aufzulösen.

Ein weiteres sehr instructives Beispiel von Zitterschrift ist das folgende, welches von einer Kranken, die an Heerdsclerose

litt, aus der Abtheilung von Charcot in der Salpêtrière stammt.
Ich werde auf diese Probe weiter unten zurückkommen.
Ferner mag die interessante Probe Taf. 5, Fig. 11, a, b und
c einer genaueren Beachtung gewürdigt werden. Wenn man b,
die mittlere der Proben besieht — gerade bei dieser Probe sollte
der geehrte Leser sich eines Vergrösserungsglases bedienen —
so wird man zunächst erstaunen über die überall in allen Strich-
arten vorkommenden ganz gleichen Zitterbewegungen, ferner darüber, dass dieselben in dem Einzelnen ihrer Ausführung sich
von den früher gegebenen Proben wesentlich unterscheiden, und
den Eindruck machen, als seien die Bewegungen absichtliche.
Auch die absolute Gleichheit in den Haar- und Grundstrichen,
die ohne jede Stärkedifferenz geschrieben sind, muss auffallen.
Die Schrift stammt von einer Patientin, die an hysterischer linksseitiger Hemianaesthesie und Hemiplegie litt. Vor ihrer Erkrankung hat sie in durchaus normaler und regelmässiger Weise
geschrieben, wie Fig. a beweisen mag, und erst bei dem Auftreten der Hysterie soll sich diese Zitterschrift entwickelt haben.
Die Patientin schrieb 2 Jahre lang in dieser Weise und Niemand
hat daran gedacht, dass es sich hier um eine unnatürliche, offenbar willkürlich herbeigeführte Abnormität handle. Ich selbst bin
längere Zeit von diesem Verdacht frei gewesen, bis ich einmal
zusah, wie die Patientin schrieb; da wurde ich mir sofort über
die wahre Natur dieser Zitterschrift klar und in wenigen Tagen
hatte ich es dann auch fertig gebracht, dass die Patientin in
wenigstens annähernd regelmässiger Weise schrieb, wie Fig. c
deutlich beweist. Sobald nämlich die Kranke die Feder auf das
Papier setzte, entstand ein sehr heftiger Krampf im Biceps des
Oberarms, der den ganzen Arm mit der schreibenden Hand in
Zitterbewegungen versetzte; bei anderen coordinirten Bewegungen
der Finger, z. B. feineren Handarbeiten entstand dieser Krampf
nicht, was ja, wenn es sich hier um einen coordinatorischen Be-
schäftigungskrampf handelte, sehr auffallen müsste. Ausserdem
war mir die Beobachtung eines Bicepskrampfes, der in dieser
einzigen Weise ausgelöst werden sollte, neu und unglaublich.
Ich dachte mir schliesslich die Sache so, dass die Patientin im
Beginn ihres Leidens in der bekannten Sucht Hysterischer patho-
logisch-interessant zu erscheinen, diesen Krampf willkürlich producirt habe, um die abnorme Schrift darzustellen, dass sie sich aber·

vielleicht im Laufe der Jahre daran so gewöhnt habe, dass derselbe wirklich jetzt, als eine Art Reflex, beim Beginne zu schreiben, von selbst einträte. Diese Ansicht war, wie sich alsbald herausstellte, noch viel zu gutmüthig, denn der geradezu momentan eintretende Erfolg widersprach ihr direct und lieferte den Beweis, dass die Patientin noch jetzt jedesmal beim Schreiben den erwähnten Bicepskrampf producire. Ich setzte ihr nun in sehr ernster Weise auseinander, dass es sich hier um einen Krampf handle, den ich durch Faradisiren des betreffenden Muskels zu beseitigen vermöge, forderte sie dringend auf, ihre ganze Willenskraft anzuwenden in geraden Linien zu schreiben, bearbeitete ihr schliesslich den ganzen Oberarm gehörig mit dem faradischen Pinsel und liess sie nun schreiben. Was seit zwei Jahren nicht möglich war, geschah jetzt; sie schrieb ganz leicht und ohne erhebliche Zitterbewegungen, und lernte in wenigen Tagen, nachdem noch einigemal der faradische Pinsel mitgesprochen hatte, ganz gut, wie Beispiel c beweist, schreiben. Zu bedauern ist hier gewiss nur, dass ich versäumt habe, der Patientin eine Metallplatte oder einen Magneten auf den zitternden Arm zu appliciren; die Metallotherapie hätte sicherlich einen Erfolg mehr aufzuweisen, denn die Kranke hätte ganz gewiss, nach dem Gesetze (!) des „Transfert" auch mit der linken Hand in Zitterschrift zu schreiben erlernt, und hier hätte es ja nichts geschadet, wäre doch die Rechte frei geworden!

Es ist ferner noch auf die combinirten Beispiele von Zitterschrift mit anderen pathologischen Schriftformen zu verweisen, die auch hierher gehören; so namentlich Fig. 3, 4a, 6, 16.

Beim Schlusse des Capitels geben wir wiederum die Ergebnisse aus demselben in gedrängter Darstellung:

1. Die Zitterschrift kommt physiologisch vor im Alter.

2. Sie kommt pathologisch vor durch alle Ursachen, die ein Zittern des Arms und der Hand veranlassen, wie z. B. Kälte, das Stadium der Nicotinintoxication, das Hungerstadium bei Morphium und Alkohol, diffuse Heerdsclerose, rhythmische Chorea, Paralysis agitans etc.

3. Die Zitterschrift charakterisirt sich durch Wellenbewegungen der einzelnen Striche, die theils horizontal, theils vertical sich bewegen können; sie weicht nie von der geraden Richtung

ab, wird nie unleserlich; die einzelnen Buchstaben sind ganz gleichmässig ausgeführt.

4. Eine auf den N. radialis isolirte Innervationsstörung macht sich nur in den Auf- und Bogenstrichen bemerkbar, und lässt die Nieder- oder Grundstriche unverändert.

5. Die Zitterschrift kann sich verbinden mit atactischer Schrift und mit der Schrift der Paralytiker.

V. Capitel.

Die Agraphie und Paragraphie.

Mit dem Capitel über Agraphie und Paragraphie beginne ich den zweiten Abschnitt meiner Arbeit, welcher die psychischen Schriftveränderungen enthält. Dieselben bieten in uncomplicirter Darstellung niemals Formfehler dar, und nur die Schrift der Paralytiker erheischt wegen ihrer häufigen Combination mit den mechanischen Störungen eine Wiedergabe von Beispielen. Bei Agraphie und Paragraphie ist dies durchaus unnöthig.

Was über diese beiden Formen gestörter Schriftbildung zu sagen ist, dürfte wohl in erschöpfender Weise von Kussmaul in seinem classischen Werke „Ueber die Störungen der Sprache" gesagt sein, und ich habe seinen Auseinandersetzungen, die vorzugsweise allerdings nur für die pathologischen Sprachformen gelten, die aber in gleichbedeutender Weise auch für die entsprechenden Formen gestörter Schriftbildung heranzuziehen sind, und die ich hier in Kürze, soweit es zum überblickenden Verständniss des gesammten Materials nöthig ist, heranziehe, nichts Wesentliches hinzuzufügen.

Nur einen Punkt möchte ich hier noch hervorheben, der mir nicht überall stark genug betont scheint, dem ich aber ganz besonders der Schrift der Paralytiker gegenüber ein grosses Gewicht beilege, nemlich den, dass bei reinen Formen von Agraphie und Paragraphie dem Patienten niemals das Bewusstsein seiner fehlerhaften Schrift mangelt. Der Paragraphische weiss, dass er nicht so schreibt, wie er schreiben will, dem Paralytiker dagegen mangelt dies Bewusstsein vollständig, er glaubt, seine Schrift sei immer und unter allen Umständen richtig und fehlerlos.

Aus diesem Grunde habe ich bei der Eintheilung der Agraphie und Paragraphie das Beiwort „bewusst" gegeben im Gegensatze zur Schrift der Paralytiker, die „unbewusst" erfolgt. Ausserdem unterscheiden sich beide noch durch eine Art Zwang in der
Ausführung. Die Agraphie, mehr noch die Paragraphie, wird so
und nicht anders geschrieben, weil der Betreffende nicht anders
schreiben kann, es liegt ihm dazu durch Ausfall eines bestimmten Centrums ein Zwang auf. Der Paralytiker kann auf verschiedene Art seine abnorme Schrift darstellen, da bei ihm nicht
ein bestimmtes Centrum functionsunfähig geworden ist, sondern
eine diffuse Erkrankung seines dem Gesammtintellectorium vorstehenden Apparates (Rinde) vorliegt. Aus diesem Grunde nannte
ich die Schrift des Paralytikers „willkürlich", die Agraphie und
Paragraphie „zwangsartig".

Dass die Centren für Sprache und Schrift räumlich nahe
beieinander gelegen sind im Gehirn, dass wir sie in die Gegend
der Reil'schen Insel resp. der Broca'schen Windung localisiren,
dass Aphasie und Agraphie vorzugsweise nach Affectionen der
betreffenden Hirntheile der linken Hemisphäre sich einstellen,
dass beide Störungen gewöhnlich mit einander verbunden auftreten, ohne dass dies indessen immer und in stets gleicher Weise
der Fall zu sein braucht, dies alles bedarf eigentlich gar keiner
besonderen Erwähnung.

Entsprechend den unter dem Begriffe der Aphasie subsumir-
ten Sprachstörungen würde sich eine Eintheilung der Agraphie
ungefähr in folgender Weise aufstellen lassen:

1. Die atactische Agraphie, oder die Unfähigkeit der
mechanischen Coordination der Buchstaben.

2. Die amnestische Agraphie, oder der Ausfall der (op-
tischen) Erinnerungsbilder des einzelnen Buchstaben.

3. Die Paragraphie, oder das Unvermögen, die Vor-
stellungen mit den zugehörigen Schriftzeichen zu verbinden.

Was, um in eine nähere Besprechung dieser verschiedenen Formen einzutreten, die atactische Agraphie zunächst anlangt,
so darf sie durchaus nicht verwechselt werden mit der in dem
III. Capitel beschriebenen atactischen Schrift. Die letztere stellt
nur eine rein mechanische Coordinationsstörung dar, richtiger gesagt eine Störung des zum Schreiben nothwendigen nervösen und
musculären Mechanismus, die erstere eine solche des psychischen;

die beiden Störungen decken sich somit durchaus nicht und es liegt nicht die geringste Veranlassung zu der Annahme vor, dass ein an atactischer Agraphie Leidender auch atactische Schrift zeigen müsse. Der atactisch Agraphische hat durch den Ausfall oder die Lähmung bestimmter Coordinationscentren z. B. nicht mehr die Fähigkeit, das Wort „Vater" zu schreiben, weil ihm die geistige Vorstellung davon abhanden gekommen ist, wie der reine Lautbegriff „Vater" durch schriftliche Symbole dargestellt wird, oder weil er nicht mehr weiss, in welcher Reihenfolge die einzelnen Buchstaben in dem Worte „Vater" sich folgen, oder dass sie in ganz bestimmter und nicht in beliebiger Reihe sich folgen müssen, u. dergl., ohne indessen das Gedächtniss für die schriftliche Darstellung jedes einzelnen Buchstabens verloren zu haben. Er kann v, a, t, kurz alle in dem Worte enthaltenen Buchstaben ohne jede Schwierigkeit schreiben, aber er bringt die schriftliche (symbolische) Gesammtwiedergabe des geistigen Begriffes „Vater", zu welcher er die einzelnen das Wort bildenden Buchstaben zu diesem coordiniren, d. i. durch einen psychomotorischen Akt neben einander anordnen muss, nicht fertig. Derjenige dagegen, welcher nur atactisch schreibt, wird das Wort „Vater" ohne Umstände niederzuschreiben vermögen, wenn es auch in unregelmässigen, unordentlichen, unleserlichen Zügen geschieht. Kussmaul sagt*): „Begleitet Agraphie die atactische Aphasie, so ist sie bald eine absolute, auch litterale, indem die Kranken nicht einmal Buchstaben mit der Feder fertig bringen. Sie kritzeln vergeblich Striche auf das Papier hin, bis sie unwillig ihr Unvermögen einsehen. Andere bringen noch Buchstaben und ganze, durch kleine Abschnitte da und dort wortartig geschriebene Buchstabenreihen fertig, aber dieselben sind meist nicht auszusprechen: verbale Agraphie. Zwischen den unaussprechlichen Reihen tauchen auch wohl noch aussprechbare und einen Sinn einschliessende Schriftwörter auf, aber man begreift in der Regel nicht, was der Kranke damit sagen will. Am häufigsten bringen sie noch ihre eigenen Namen fertig, jedoch auch diese oft in entstellter Gestalt. Wenn sie einsehen, dass sie das Schreiben verlernt haben, und dass die Zeichen auf dem Papiere nicht ihre Gedanken ausdrücken, so weist das auf atac-

---

*) l. c. pag. 159.

tische Agraphie hin. Schreiben sie aber immer darauf los, so ist dies keine einfache atactische Agraphie mehr; hier ist die Brücke zwischen Vorstellung und Schriftbild gebrochen oder die Schriftbilder sind im Gedächtniss verwischt. — Wie die Aphatischen ihre Zunge zu allen andern Verrichtungen, nur nicht zum Sprechen gebrauchen können, so können die Agraphischen ihre Hände noch zu allen feinen Arbeiten, nur nicht zum Schreiben benützen. Spamer sah z. B. ein agraphisches Mädchen sehr geschickt nähen. Es ergibt sich aus diesen Thatsachen, dass die Coordinationscentren der Laut- und Schriftwörter verschieden und räumlich von einander getrennt sind. Wir werden weiterhin noch manche Erfahrung kennen lernen, die beweist, dass die Störungen in der Schrift- und Lautsprache sich nicht immer parallel gehen. Da aber in der Regel beide Vermögen zusammen gestört sind, so weist dies darauf hin, dass die beiden Centren jedenfalls eng verknüpft sind und dass ihre Bahnen sich verschlingen.."

In meiner obigen Auseinandersetzung ist auch schon die Differenzirung der atactischen und amnestischen Agraphie vorhanden, welch letztere nur auf dem Ausfall gewisser Erinnerungsbilder beruht.

Da es nun, von anderen abgesehen, 2 Hauptmöglichkeiten gibt, das Erinnerungsvermögen anzuregen, so scheint es mir ganz entsprechend zu sein, zwei besondere Formen amnestischer Aphasie anzunehmen, die ich hiermit meinerseits aufstelle. Nach der Art der Gedächtnissanregung oder besser gesagt, nach dem Wege, den der anregende Reiz machen muss, um zu dem Erinnerungsdepot zu gelangen, unterscheide ich folgende zwei unter sich verschiedene und von einander gänzlich unabhängige Erinnerungsarten: 1) das durch Gehörseindrücke, 2) das durch Gesichtseindrücke producirte Erinnern. Diese zwei verschiedenen Arten des Erinnerungsvermögens können gestört sein und dem entsprechend kann sich auch eine amnestische Agraphie verschiedenartig bedingt darstellen. Man würde z. B. von optico-amnestischer Agraphie reden können, also von einer solchen, die bedingt ist durch das Unvermögen Gesichtseindrücke zu verstehen, wenn der Kranke den Wortbegriff eines Gegenstandes, den er vor sich sieht und sehr wohl kennt, erst dann niederschreiben kann, wenn er ihm genannt worden ist, also wenn er ihn gehört, d. h. durch den Gehörseindruck geistig begriffen hat. Man würde als acusto-amnestisch jene Form bezeichnen, bei der der Kranke nur Gesichtseindrücke schriftlich wiedergeben kann, Gehörseindrücke jedoch nicht versteht. Einen solchen Fall habe ich beobachtet; es war ein nahezu 70 Jahre alter Herr mit rechtsseitiger Hemiplegie, Aphasie und Agraphie. Forderte man ihn z. B. auf, das Wort „Bürste" zu schreiben, wobei ihm das Wort vorgesprochen wurde, so konnte er es nicht leisten, obgleich er durch Geberden sehr wohl den Nachweis lieferte, dass er den Gebrauch der Bürste verstand. Wurde ihm aber eine Bürste vor die Augen gehalten, so konnte er das Wort sofort richtig niederschreiben.

Ich bin überzeugt, dass diese speciellen Verhältnisse auch für die Aphasie volle Geltung beanspruchen können.

Kussmaul hat von einer derartigen speciellen Eintheilung Umgang genommen, bringt indessen Beispiele für diese einzelnen Formen vor, die, obwohl für die betreffenden Formen der Aphasie mitgetheilt, doch als Verständniss fördernd, hier angeführt werden mögen. So z. B. für die acusto-amnestische Form den Fall von Dr. Hun (l. c. pag. 172).

Es handelt sich um einen Hufschmied, der am Herzen litt und eines Tages von Hirncongestion angegriffen mehrere Tage in Stupor versank. Dann erholte er sich und verstand, was man sagte, aber konnte bei freibeweglicher Zunge die Worte nicht finden. Vorgesagte Worte konnte er nicht wiederholen, wurde ihm aber ein Wort aufgeschrieben, konnte er es also mit dem Gesichtssinne erfassen, so vermochte er es auszusprechen.

Für die optico-amnestische Form gilt der Fall von Sander (Kussmaul l. c. 174): „Vorgelegte Gegenstände wusste der Kranke nicht zu benennen, fand sie aber richtig, wenn man ihm den Namen nannte."

Ueber die Paragraphie äussert sich Kussmaul wie folgt: „Wie sich der Gesunde beim Sprechen „versprechen" kann, so, und noch leichter, kann er sich auch beim Schreiben „verschreiben." Da beim Schreiben Gedanken eher abschweifen, so kommt es viel leichter zu Missgriffen in Lauten, Silben und ganzen Wörtern. Nicht blos sinn- und klangverwandte, auch schriftverwandte Wörter tauchen auf. — So verrathen sich auch beim Kranken die functionellen und organischen Laesionen des Gehirns noch leichter in der Schrift als in der Rede. Die

krankhafte Paragraphie tritt wie die krankhafte Paraphasie in leichten und schweren Formen auf."

Ein ergötzliches Beispiel von Paragraphie durch Wortverwechslung
im Satze ist das Zeugniss eines zerstreuten Professors der Chemie: „Herr
stud. Schmidt besuchte meine ausgezeichneten Vorlesungen über Chemie
mit anorganischem Fleisse."

Im Uebrigen ist das Wesen der Paragraphie ein leicht ver-
ständliches, wenn man sich nur stricte an die oben gegebene
Definition hält. Es folgt daraus nothwendig, dass verkehrte Buchstaben angewandt werden. Der Kranke schreibt z. B. statt
Feder: „Peser", statt Mutter: „Butter"; statt grüssen: „schrüssen"
(Ferber). Ein Kranker von Bastian schrieb statt Royal naval
medical officer belonging to Admiralty: „Roydndendd naven-
dendd ofrendendd Belondendd" u. s. w.

Zum Schlusse dieses Capitels möge folgendes nach Kussmaul's Vorgang construirtes Schema einer näheren Betrachtung

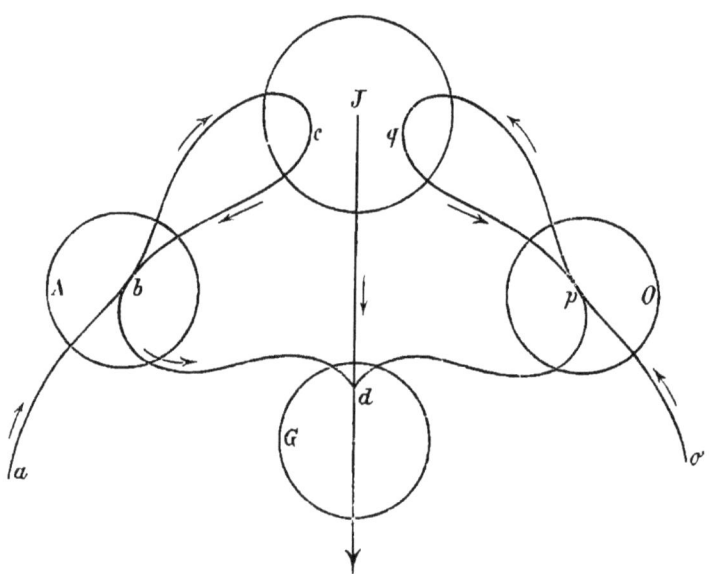

gewürdigt werden, da dasselbe sehr viel zum leichteren Verständniss der Agraphie und Paragraphie beitragen wird:

Der Kreis J bedeute das ideagene oder Begriffscentrum, also das
gesammte Gebiet corticaler Zellennetze, worin durch sensorische

Eindrücke der mannigfachsten Art Begriffe zu Stande kommen. A und O sind die sensorischen Centren für die Schriftbilder, und zwar A für die durch Gehörseindrücke, O für die durch Gesichtseindrücke erzeugten. G stelle das motorische Centrum dar für die Coordination der Schriftzüge zu Schriftwörtern. a sei der N. acusticus, o der N. opticus. Hiernach kann nun Folgendes leicht verstanden werden. a b c b d ist die Bahn für das Niederschreiben verstandener Gehörseindrücke; a b d wird benutzt beim Schreiben unverstandener Lautbilder, also z. B. wenn ein der französischen Sprache nicht Mächtiger französische Worte nach Dictat schreibt. Dieselben Verhältnisse ergeben sich auf der andern Seite für den Gesichtssinn: o p q p d das Schreiben begriffener Gesichtsbilder, o p d z. B. das Abschreiben unbegriffener Wörter für das Kind. J d ist die Bahn für das Niederschreiben von Gedanken.

Bei atactischer Agraphie wird G ausgeschaltet, und somit auch J d, b d und p d unbrauchbar. Spontanes Schreiben, Nachschreiben gehörter Laute und gesehener Begriffe ist unmöglich. Dagegen ist das Verständniss für gehörte Worte durch Erhaltung der Bahn a b c möglich, ebenso das für gesehene Begriffe durch o p q. Auch ist, da c b, resp. q b intact bleibt, die Erinnerung für beide Sinnesbilder gewahrt. Bei amnestischer Agraphie fällt diese Bahn, durch welche der Begriff das Sinnesbild in Erinnerung bringt aus und zwar c b bei der acusto-amnestischen, q p bei der oculo-amnestischen Form.

VI. Capitel.

Die Schrift der Paralytiker.

Die Schrift der Paralytiker habe ich in dieser Weise benannt, weil ich sie bis jetzt nur bei diffuser organischer Erkrankung der Hirnrinde, deren häufigstes Prototyp ja die allgemeine fortschreitende Paralyse der Irren darstellt, beobachtet habe. Sie ist im Wesentlichen das Product geistiger Unaufmerksamkeit, geistiger Schwäche und eines mangelhaften Gedächtnisses für momentane Eindrücke, die ihrerseits in einem Ausfall bestimmter Rindenfunctionen begründet sind. Somit schliesst sie sich unmittelbar an jene anderen wohlbekannten Erscheinungen bei Paralyse an, die wir gewohnt sind aus gleichen Gründen zu erklären, und die wir besonders im Anfangsstadium der Erkrankung, wenn der volle Defect der cerebralen Functionen noch nicht die einzelnen Krankheitserscheinungen verdunkelt und ihre Beachtung erschwert, so gut isolirt zu beobachten Gelegenheit haben. Der Paralytiker — um einige gewöhnliche Beispiele hier anzuführen — grüsst Bekannte, denen er bisher immer seinen Gruss zugewendet, nicht mehr; er, der bisher in seinem ganzen Wesen, in Worten und Handlungen auf's peinlichste die Vorschriften gesellschaftlicher Etiquette und sittlichen Anstandes gewahrt hat, beginnt deren einfachste Paragraphen zu vernachlässigen, er erscheint mit bedecktem Kopfe, oder mit offener Hose in der Gesellschaft, beginnt daselbst zu pfeifen oder zu singen, erzählt zweideutige unanständige Geschichten; er, der Inhaber eines vorzüglichen Gedächtnisses und der penible Arbeiter vergisst Hut und Stock, nimmt einen fremden Ueberzieher im Restaurant, erzählt dieselbe Geschichte immer wieder, vernachlässigt seinen Beruf, führt Aufträge nicht aus; der solide Ehemann besucht Damen der Demi-monde, spricht darüber als über etwas ganz selbstverständliches — und was dergleichen Symptome beginnender diffuser Rindenerkrankung mehr sein mögen, deren Auftreten ich an den Ausfall des in gesunden Tagen functionirenden geistigen Hemmungsmechanismus knüpfe, der durch die auf Erfahrung (Gedächtniss) basirte Ueberlegung gebildet wird, und als gesteigerte psychische Reflexe auffasse. Ganz dasselbe Verhalten lässt sich auch bei der Schrift solcher Kranken nachweisen, die sich nach zwei Richtungen hin charakterisirt: durch ein „zu wenig" und durch ein „zu viel". Beide Formen kommen gleichzeitig und gemeinsam vor, deren nähere Erklärung eine ziemlich einfache ist.

Im ersten Falle, dem des „zu wenig", werden einzelne Zeichen, Buchstaben, Silben, selbst ganze Worte ausgelassen, während bei dem „zu viel" eben diese Elemente wiederholt werden. Dass auf diesem Wege Sinnfehler in die Schrift kommen müssen, wird leicht einzusehen sein.

Diese Sinnfehler, und hierauf ist ein Hauptnachdruck zu legen, beziehen sich aber nur auf die Gesetze der Grammatik, nicht auf den ganzen sinnlichen Inhalt des Geschriebenen. Unsinniges Zeug, schriftliche Wiedergabe von Wahnideen, abgerissene Sätze, unverbundene Gedanken (geschriebene Ideenflucht) u. s. w. kommt hier gar nicht in Betracht, das kann von jedem aufgeregten Geisteskranken geleistet werden. Worauf es hier allein ankommen soll, ist, dass der Paralytiker einen an und für sich richtigen Satz in seinen einzelnen Theilen, deren genaue Zusammenfügung die Grammatik vorschreibt, nicht richtig construiren kann, weil er eben gegen diese grammatikalischen Regeln Verstösse macht.

Noch ein Punkt, der bei der Paralytikerschrift häufig in die Augen fällt, erheischt eine besondere Erwähnung, das ist die Anwendung falscher Schriftzeichen, die leicht zu der Ansicht führen könnte, es handele sich hier um eine Paragraphie sui generis. Das ist nun doch nicht der Fall, vielmehr muss diese Verwechslung der Zeichen, die durchaus nichts constantes hat, sondern die verschiedensten Variationen darbietet, auch als ein Zeichen mangelhafter Aufmerksamkeit erklärt werden. Auch gelingt es stets, den Paralytiker zur Correctur eines zuvor von ihm mit Verwechslung von Zeichen geschriebenen Wortes zu veranlassen, was bei dem Paragraphischen unmöglich ist. Letzterer

schreibt z. B „Fut" statt Hut, weil er durch Ausfall bestimmter
Coordinationscentren nicht im Stande ist die geistige Vorstellung,
die er von dem Buchstaben H hat, mit dem schriftlichen Zeichen,
dem Symbol, durch welches H ausgedrückt wird, zu verbinden,
und wenn er auch aufmerksam gemacht wird auf den Fehler,
und ihn sehr wohl einsicht (bewusst) — was ich schon oben
als differential-diagnostisch hervorgehoben habe — so vermag
er ihn dennoch nicht zu corrigiren (zwangsartig). Der Paralytiker schreibt aus Unaufmerksamkeit „Fut", ist dabei in dem
Glauben befangen, durchaus in richtiger Weise geschrieben zu
haben (unbewusst), aber sehr wohl im Stande, auf den Fehler
aufmerksam gemacht, diesen zu begreifen und ihn zu corrigiren
(willkürlich.)

Es ist schon verschiedenemale davon die Rede gewesen, dass
sich die Schrift der Paralytiker mit den mechanischen Schriftstörungen verbinden könne; das ist in der That der Fall, und
wie ich hier gleich hinzusetzen will, die Regel bei allen Paralytikern, welche die sogenannten ersten Stadien der Erkrankung
— Stadium prodromorum — hinter sich haben. Dagegen muss
ich es auf der anderen Seite als Regel aufstellen, dass die Schrift
des Kranken im Beginne der Paralyse durchaus uncomplicirt
auftritt. Die Sinnfehler in der Schrift der Paralytiker ist das
primäre, uncomplicirte Verhalten; das Hinzutreten von formalen
Störungen erst secundär.

Ich glaube, es ist schon früher, wenn ich nicht irre, von fran-
zösischer Seite die Behauptung aufgestellt worden, dass das Auftreten von orthographischen und anderen grammatikalischen Feh-
lern in der Schrift der Paralytiker ein pathognomonisches Zeichen
sei für den Beginn der letzten Periode, das Stadium dementiae
der Krankheit. Das ist entschieden nicht der Fall, wie jeder
unbefangene Beobachter leicht feststellen kann; die Sinnfehler
der Paralytiker kommen im Gegentheil als erstes Symptom vor,
und lassen sich, wie ich hier mit Nachdruck hervorhebe, schon
ausserordentlich früh nachweisen. Die Schrift der Paralytiker
ist eine sehr gewichtige symptomatologische Handhabe für die
Diagnose, einmal wegen ihres frühen Vorkommens, das ich in
vielen Fällen schon vor dem Auftreten von Sprachstörungen habe
constatiren können, und dann wegen ihres feststehenden klinischen
Bildes. Man muss nur mit Aufmerksamkeit solche Schriften stu-

diren, und darf dabei nicht vergessen sein Augenmerk auch zu
richten auf die Interpunction, die Punkte und Hacken über i, u,
ü etc. etc. und stets Vergleiche anzustellen mit der Schrift des
Patienten aus früheren absolut gesunden Tagen. Auf diese wichtige Thatsache werde ich im folgenden Capitel noch einmal zurückkommen.

Zu der bereits erwähnten im Verlaufe der Paralyse eintretenden Combination der Paralytikerschrift mit atactischer oder
Zitterschrift, oder mit beiden, will ich noch bemerken, dass diese
durchaus nicht an bestimmte Punkte der Krankheitsentwicklung,
an s. g. bestimmte Stadien gebunden erscheint. Dieser Zeitpunkt
ist ein durchaus individuell variabler. Zweimal bis jetzt habe
ich von dieser Regel eine Ausnahme gesehen. In dem einen der
beiden Fälle handelte es sich um eine sowohl klinisch wie zeitlich etwas abnorme Form, bei der sich die Krankheit neun Jahre
lang hinzog. Bei dem anderen würde aller Wahrscheinlich-
keit nach auch eine ausnahmsweise lange Dauer zu erwarten gewesen sein, da der betreffende Kranke vier Jahre lang ganz ohne
Aenderung blieb, also, wenn man will, die Krankheit einen Still-
stand gemacht hatte; er starb an einer intercurrenten Krankheit.

Gehen wir über zur Betrachtung einiger Beispiele.

Zunächst müssen hier Belege für die oben angeführte Regel
beigebracht werden, dass im Beginne der Paralyse die Schrift uncomplicirt ist. Dies beweist zunächst Taf. 6, Fig. 12. Diese Probe
stammt von einem Paralytiker, bei dem die Erkrankung in drei-
zehn Monaten zum Tode führte, wobei sieben Monate auf das
erste Stadium gerechnet werden; also ein höchst rapider Verlauf.
Am Tage nach seiner Aufnahme, nachdem der erste Status praesens mit ihm aufgenommen worden, schrieb er Beifolgendes, die
Untersuchung, die mit ihm vorgenommen, beschreibend. Es ist
nöthig zu dieser Schrift, die sich formal durchaus correct darstellt, eine Uebersetzung und Erklärung zu geben, da sie sonst
durch die vielen Auslassungen, die im Folgenden durch die fett
gedruckten Worte und Buchstaben deutlich gemacht werden sollen, nicht verstanden werden kann. „Heute morgen hat er (nemlich der Doctor) mir helle Augengläser vorgehalten (bezieht sich
auf die ophthalmoscopische Exploration) und musste ich mich fest
(zweimal vorhanden) an ihn setzen und nach der Ecke sehen.“
Hier fehlt offenbar ein Punkt und bezieht sich das Folgende auf

die Untersuchung des Romberg'schen Symptomes. Es soll wohl heissen: „Dann musste ich mich rechts dann links drehen dann Kehrt und Front machen mit geschlossenen Augen dass ich schliesslich schwindlig (schlwind) wurde und er mich (will) in (ich) seinen Armen auffing." Das Unterstrichene hat Patient ausgelassen; zwischen „geschlossen" und „dass" sind zwei unleserliche Worte eingeschoben; die falsch geschriebenen habe ich eingeklammert. Der Schlusssatz ist gut verständlich. Die Interpunction fehlt durchgehends. Bei diesem Patienten complicirte sich die Schrift sehr bald mit atactischer Schrift, entsprechend dem rapiden Verlauf der Krankheit, und schliesslich konnte er nicht mehr seinen Namen schreiben. Durch einen unglücklichen Zufall sind mir die entsprechenden Proben verloren gegangen.

Ein weiteres sehr instructives Beispiel liefert Fig. 20 a b c d e f. Der Kranke wurde in unsere Anstalt aufgenommen, nachdem ungefähr 10 Monate vorher die allerersten, natürlich erst nachträglich gewürdigten Erscheinungen ·der Erkrankung aufgetreten waren. Ein Monat nach der Aufnahme wird a geschrieben, welches eine durchaus fliessende und glatte Schrift darstellt; es soll heissen: „die ländlichen" etc., nicht wie Patient geschrieben hat, „die langlichen." — Zwei Monate später wird in der Weise von b geschrieben; auch diese zeigt noch keine erheblichen formalen Veränderungen, obwohl eine gewisse Unruhe nicht verkannt werden kann. Wieder einen Monat später tritt, wie c beweist, schon deutlich Zitterschrift auf, die sich in d, was nach ferneren 2 Monaten angefertigt worden, mit atactischer Schrift verbindet. Nach weiteren 3 Monaten sind beide Formen sehr deutlich ausgesprochen (e), nach ferneren 4 Monaten so sehr (f), dass die Schrift überhaupt unleserlich geworden ist. Patient ist im allerletzten Stadium und starb kurze Zeit darnach.

Von den beiden mir bis jetzt vorgekommenen Ausnahmen der sonst regelmässig auftretenden Combination der einfachen Paralytikerschrift mit mechanischen Schriftalterationen in den ausgebildeten Stadien der Krankheit will ich die eine durch eine Probe der Schrift hier belegen. Es handelt sich um einen über 40 Jahre alten Kranken, der bereits drei Jahre, bevor er hierher kam, in einer Anstalt gewesen war, und bei dem der Beginn der Paralyse gewiss schon über 3 Jahre zurücklag. Hier hielt er sich in constanter Weise nahezu 4 Jahre und ich habe schon oben die Vermuthung ausgesprochen, dass er wahrscheinlich noch lange nicht der Paralyse anheimgefallen wäre, wenn ihn nicht eine intercurrente Krankheit hingerafft hätte. Er schrieb noch kurz vor seinem unerwarteten Tode die Probe Fig. 13: „Ich Unterzeichneter", „Electricität", die allerdings geringe Zitterbewegungen darbietet, „angegriffen", „Bitte", „erhalte", „Couverte." Ausser dem Worte „Electricität" sind alle in gleicher und flotter Schrift geschrieben.

Als sichtbaren Beleg für die Differenz zwischen Paragraphie und Paralytikerschrift soll Fig. 15 gelten. Die Proben entstammen verschiedenen Briefen eines in nicht ganz zwei Jahren an Paralyse zu Grunde gegangenen 44jährigen Herrn. Ich habe immer dasselbe Wort „Bendorf" ausgewählt, um eben zu zeigen, dass er es in mannichfacher Variation, richtig und falsch schreiben konnte, was eben bei Paragraphie niemals möglich sein würde. Uebrigens können auch hier wiederum die später eintretenden Verbindungen — es ist auch hier vorzugsweise Zitterschrift — deutlich erkannt werden; die Beispiele folgen sich zeitlich ebenso wie auf der Tafel räumlich.

Was andere Beispiele von Combination anlangt, so greife ich zunächst noch einmal auf Fig. 4 zurück, das, wie wir oben gesehen, von einem Typhusreconvalescenten stammt und als Beispiel atactischer Schrift aufgestellt worden ist. Ich habe bei jener Gelegenheit hervorgehoben, dass ich der Ansicht sei, alle nach acuten Infectionskrankheiten, besonders nach Typhus auftretenden Ataxien seien cerebraler Art, ohne indessen dort einen Beweis dafür beizubringen. Derselbe wird erbracht durch dieses Schriftbeispiel selbst, indem dasselbe genau die gleiche Störung zeigt, wie die Paralytikerschrift, also auch durch Affectionen der grauen Hirnrinde veranlasst sein muss, eine Annahme, die ja in dem vorliegendem Falle durch das lange bestandene Delirium hinreichend gedeckt erscheint.

Betrachten wir die Probe noch einmal genau, vielleicht mit einem Convexglas, so sehen wir zunächst in dem Worte „Amiens" einen Buchstaben zuviel; ferner enthält das M des Wortes „Mutterchen" 4 Grundstriche, also auch einen über die übliche Zahl. Dies Verhalten des „zuviel" lässt sich noch an einer ganzen Menge von Wörtern deutlich nachweisen. Aber auch das „zu wenig" fehlt nicht hier, und macht sich besonders bemerkbar im

Fehlen von Interpunctions- und anderen Zeichen über i und u. Die Schrift könnte also sehr wohl von einem Paralytiker herstammen. Ferner ist Beispiel 3 hier wieder anzuführen: Paralytikerschrift mit Ataxie, ferner Fig. 5, wobei „1" statt „ich" geschrieben ist, der Punkt über dem i in „Villa", das Wörtchen „für" und 2 Nullen in der Zahl (3 Millionen) fehlen; Fig. 6 stellt Paralytikerschrift mit Zitterschrift dar.

Einen sehr interessanten, aber noch keineswegs aufgeklärten Beitrag zur Schrift der Paralytiker hat Fürstner bei Gelegenheit von Mittheilungen über eine eigenthümliche auf Laesionen bestimmter Rindenbezirke der Hinterlappen beruhende Sehstörung bei Paralytikern geliefert. Er schreibt darüber Folgendes:*)

„Im Gegensatze zu den sonst bei Paralytikern nachweisbaren Sehstörungen, die nach dem Obductions- und Augenspiegelbefund durch degenerative Vorgänge im Sehnerven selbst zu erklären sind, fand sich bei der in Rede stehenden Einbusse das periphere Glied des Apparates Auge und Opticus vollständig intact, ophthalmoscopische und mikroscopische Untersuchungen ergaben ein absolut negatives Resultat. Klinisch documentirte sich die Sehstörung, die bei reinen Fällen von Paralyse zunächst nur einseitig von mir beobachtet wurde, in folgender Weise: Stellte man sich hinter das Kopfende des ruhige Rückenlage einnehmenden Patienten, dessen Aufmerksamkeit womöglich nicht auf den Exploranten gerichtet ist und führt z. B. eine Schüssel, Becher, Messer vor dem allein geöffneten rechten (afficirten) Auge des Kranken vorbei, so reagirt er dagegen in keiner Weise, bei schneller Annäherung erfolgt auch kein Augenschluss, in ein brennendes Licht wird blöde hineingestiert, sonst sehr begehrte Brod- und Weinportionen werden unbeachtet gelassen; agirt man in derselben Weise vor dem linken Auge, so tritt ganz prompte Reaction ein, Patient verfolgt mit dem Auge und durch Drehen des Kopfes den bewegten Gegenstand, er greift das ihn genirende oder reizende Object, bei stärkerer Annäherung schliesst sich das Auge. Liess man die Patienten nur mit Benützung des einen afficirten Auges schreiben, so wurde die Bleifeder in die volle Faust genommen, an unzweckmässigen Stellen der Schreibfläche begonnen,

*) Arch. f. Psych. IX. 1. pag. 90.

es wurde auf den Holzrahmen der Tafel weiter geschrieben, die Buchstaben hielten nicht immer Linie und Distance, einzelne hatten die richtige Gestalt, andere nicht, ein Buchstabe wurde in den andern hineingeschrieben, alle diese Mängel blieben aus, wenn das linke Auge mit in Thätigkeit trat. Der Gang ist nur bei geöffnetem rechtem Auge bedeutend schwankender und unsicherer.

Ferner konnte es bei weiterer klinischer Beobachtung nicht entgehen, dass die Intensität und die Dauer des Bestehens der Störung bei den einzelnen Patienten in den weitesten Grenzen schwankt, bei einem Patienten, bei dem sie während der Beobachtungszeit zuerst auf dem rechten, später auf dem linken Auge sich entwickelte, bestand ursprünglich völlige Blindheit, dann besserte sich die Störung, bei den einen remittirte sie nur, bei anderen verschwand sie wieder vollständig, bei den einen hielt sie Wochen lang in derselben Stärke an, bei anderen dauerte sie nur Tage und Stunden." Soweit Fürstner. Was er über die Art des Schreibens in sehr anschaulicher Weise mittheilt, entspricht durchaus dem, was ich oben für die atactische Schrift als Typus aufgestellt habe: Abweichungen von der Linie, von dem Grössenverhältniss der einzelnen Buchstaben unter sich, von ihrer Stellung zu einander, Beginn an unzweckmässigen Stellen u. s. w. Fürstner gibt einige Schriftproben von einem seiner Patienten, die denn auch in der That ohne den geringsten Zweifel die atactische Schrift erkennen lassen, aber nicht nur in jenen Proben, die bei alleiniger Benützung des afficirten Auges geschrieben sind, sondern bei sämmtlichen Proben. Der betreffende Patient ist ein 47 Jahre alter Kaufmann, also ein des Schreibens gewiss kundiges Individuum, allein seine Schrift erlaubt ein solches Urtheil keineswegs. Auch bei den Proben, die bei beiden offenen Augen und bei allein offenem gesundem angefertigt sind, fallen folgende abnorme Momente auf: 1) Die Schrift hält nicht die gerade Richtung ein, ein Buchstabe steht höher, der andere tiefer, bei dem ersten Worte des ersten Beispieles und bei dem neunten Beispiele ist sogar eine leichte Andeutung des von mir oben aufgestellten Rückfallens in die natürliche Bogenlinie zu erkennen; 2) die Buchstaben haben verschiedene Grösse, 3) die Grundstriche sind unverhältnissmässig dick und unbeholfen gezogen. Das wäre also atactische Schrift bei allen Proben, die bei Ausschluss des afficirten Auges geschrieben sind. Dieselbe findet sich auch, und in noch ausgeprägterer Form bei jenen, die ausschliesslich mit Benutzung des kranken Auges ausgeführt sind. Diese enthalten aber noch ein anderes Merkmal, was die andern sämmtlich vermissen lassen und was mir viel wichtiger dünkt als die Ataxie, nämlich Sinnfehler. Fürstner geht sehr kurz über diesen Punkt hinweg; seine ganze Mittheilung darüber ist folgende: „Dieselben (nämlich die Schriftproben) illustriren den Defect, den die Linie vom linken Auge zur rechten Hemisphäre an einer ihrer Stationen erlitten haben musste, in sehr eigenthümlicher Weise; will man einen Namen für diese Art des Schreibens haben, so könnte man sie wohl als einseitige Paragraphie bezeichnen." Dass es sich hier um Paragraphie nicht handelt, bedarf wohl nach obigen Auseinandersetzungen keiner besonderen Erwähnung mehr, auch ganz abgesehen von der allgemein gekannten Thatsache, dass die Combination einer Paralyse mit Aphasie und Agraphie resp. Paraphasie und Paragraphie eine ausserordentlich seltene ist. Der Kranke Fürstner's heisst August Stahl, und dieser Name ist in allen Schriftproben, mit einer Ausnahme, wiedergegeben. Bei allein geöffnetem afficirtem Auge hat Patient nun geschrieben: 1) Auguste Sohl oder Sohr; ob ein l oder r ist nicht sicher zu entscheiden; 2) Auguel Stahl; 3) agell Stahl; 4) August Sahhl, hierbei ist S und a in einander geschrieben. Auch ein bei offenem afficirten Auge geschriebenes Datum lässt den primären Typus der Paralytikerschrift neben erheblicher Ataxie deutlich erkennen. Es soll geschrieben werden 28 October; daraus ist geworden: 1) 28 S Oct 2 tbre, 2) 28 ctbre. Der Kranke hat offenbar die Neigung, nach Art der Franzosen das Datum zu schreiben, also den Oktober mit einer 8 (octo) zu bezeichnen. Bei dem ersten Versuch setzt er hinter die Tageszahl auch ganz richtig 8, dann folgt aber wieder Oct. Dann kommt eine nicht ganz deutliche Figur, die am meisten der ersten 2 gleicht, schliesslich noch einmal tbre. Bei dem zweiten Versuch ist die 8 der Tagesziffer und die der Monatsbestimmung in eine zusammengeschmolzen, ausserdem sind c und t zu viel. Also auch hier eine ganze Reihe von Sinnfehlern, die, wie ich noch einmal hervorheben will, nur dann eintreten, wenn der Kranke nur mit Benutzung des afficirten Auges schreibt.

Wie ist dieses eigenthümliche Verhalten aufzufassen? Fürst-

n e r geht, wie bereits erwähnt, schnell über diese ganze Frage
hinweg; ich will daher einen Versuch machen, dieselbe zu erklären. Der Kranke hatte durch den Gesichtssinn die Möglichkeit bewahrt, sich beim Schreiben gewissermaassen geistig zu con-
trolliren und auf diese Weise die ihm sonst als Paralytiker eigenen Sinnfehler seiner Schrift zu verhüten. Man muss sich dabei
vorstellen, dass er mit Hülfe eines geschriebenen Buchstabens stets
den psychischen Coordinationsakt für den folgenden einleitete,
und dass der Weg, auf welchem dieser von dem Buchstaben —
einem Gesichtseindruck — centripetal laufende Reiz sich fortbe-
wegte, der ganze Sehapparat, natürlich der gesunde war. Wurde
dieser nun durch Schluss des gesunden Auges ausgeschaltet, und
so dem Kranken das Sehen auf ein Minimum reducirt, so fiel
damit die regulirende und controllirende Fähigkeit des Gesichtssinnes — die uns ja aus anderen Gebieten wie der Tabes, allgemeinen Anaesthesie (Strümpell) etc. hinlänglich bekannt ist
— aus, und die a priori vorhandene, aber nur durch den Gesichtssinn quasi unterdrückte Paralytikerschrift kam jetzt zum Vor-
schein.

Ich glaube, dass diese Erklärung nicht gezwungen erscheint;
sie geht aus von der bekannten, bereits erwähnten Fähigkeit des
Gesichtssinnes körperliche Coordinationsstörungen zu unterdrücken,
und würde nur diese Fähigkeit auch für rein psychische Coor-
dinationen beanspruchen. Doch auch für diese auf die Psyche
gerichtete Beeinflussungsfähigkeit liegen bereits Analogien vor,
und brauche ich wohl nur daran zu erinnern, wie bei Anaes-
thesien, hysterischen und cerebralen, durch Augenschluss das B e-
wusstsein über die Lage der Glieder abhanden kommen kann.

Gewissermaassen als Anhang zu diesem Capitel will ich hier
eine während eines epileptischen Anfalles (petit mal) angefertigte
Schriftprobe mittheilen (Fig. 18). Der betreffende Patient, ein
Thierarzt, litt an petit mal und wurde eines Tages, während er
schrieb, von einem Anfalle überrascht. Als er nach einiger Zeit
wieder zum Bewusstsein erwachte und sich, ausser dass sein
Kopf auf dem Schreibtisch lag, noch in sitzender Stellung selbst
mit der Feder in der Hand wiederfand, entdeckte er die beigefügten Worte vor sich auf dem Papier, die er im Anfall geschrieben hatte. Er konnte sich nicht daran erinnern. Der Ge-
dankengang ist mit Bestimmtheit nicht zu begreifen; die Schrift

charakterisirt sich dadurch, dass eine Reihe von Worten mehrmals geschrieben, und dass eine noch grössere Anzahl vollständig fehlen und so den Sinn nicht errathen lassen.

Dass diese Probe hieher gehört, wird leicht zuzugestehen sein, wenn man bedenkt, dass während des epileptischen Anfalles das Bewusstsein vollständig fehlt, also die Hauptfunction der Hirnrinde ausgeschaltet ist.

Damit wäre ich am Schlusse dieses Capitels angelangt, und es erübrigt nur noch die Resultate aus den Auseinandersetzungen desselben kurz zusammenzufassen. Es ergiebt sich:

1) Die sog. Schrift der Paralytiker kommt nur vor bei Kranken, die an einer diffusen organischen Affection der Hirnrinde leiden.

2) Dieselbe charakterisirt sich durch Sinnfehler, d. h. es fallen entweder in der Schrift grammatikalisch nothwendige Zeichen (Buchstaben, Silben und Worte) aus, oder werden in mehr als nothwendiger Anzahl geschrieben.

3) Diese Schrift kommt bei der allgemein fortschreitenden Paralyse ungemein frühzeitig vor und giebt somit für diese Erkrankung ein werthvolles diagnostisches Hülfsmittel ab.

4) Die Schrift der Paralytiker ist in dem Anfangsstadium der Erkrankung immer uncomplicirt vorhanden, geht aber bei weiterem Voranschreiten der Krankheit Verbindungen mit den mechanischen Störungen der Schrift ein.

VII. Capitel.

Die practische Nutzanwendung der Schrift.

Jeder wissenschaftlichen Beobachtung wird erst dann der höchste Werth beizumessen sein, wenn sie für die Praxis mit positivem Nutzen verwerthbar gemacht werden kann. Sehen wir zu, ob auch aus den vorstehenden Mittheilungen über die Veränderungen der Handschrift eine practische Nutzanwendung zu ziehen ist.

Wenn zunächst hier die Frage aufgeworfen wird, ob für die Diagnose irgend einer Erkrankung die Schrift dienlich sein kann, so ist schon oben in dem Capitel über die Schrift der Paralytiker darauf hingewiesen worden, dass dieser sogenannte abnorme Schrifttypus sich bei der Paralyse ausserordentlich frühzeitig einstellt. Damit wäre ein wichtiges diagnostisches Hülfsmittel für diese perniciöse Gehirnerkrankung gewonnen, das gerade seines frühen Auftretens wegen so grossen Werth beansprucht. Denn wenn die Prophylaxe als das Ideal alles ärztlichen Strebens angesehen werden muss, also der Versuch Krankheiten zu verhüten, oder, was ihr gleichbedeutend ist, eine Krankheit möglichst frühzeitig, noch ehe sie in voller Front und mit allem ihr eigenthümlichen Angriffsmaterial den Vorstoss auf den Organismus eingeleitet hat, in ihrer ganzen Gefährlichkeit zu erkennen, weil ja dann die Abwehr derselben eine weit leichtere und unter viel glücklicheren Aussichten verlaufende sein kann, so kann dies allgemeine Principiis obsta ganz besonders bei der Paralyse Anwendung beanspruchen. Denn Niemand wird mir hier eine andere Ansicht rechtfertigen können, als die, dass es gerade im frühesten Beginne einer Gehirnerkrankung noch häufig gelingen kann, durch eine Reihe von allgemeinen, geistig und körperlich diätetischen

Anordnungen und Maassregeln ein verhängnissvolles Ende abzu-
wehren. Entfernen aus dem bisherigen, die geistigen Kräfte des
schon Kranken in übergrossem Maasse anstrengenden und absor-
birenden Geschäfte, die Herausreissung aus einem durch Unsitte
und unnatürliche Gewohnheiten die körperlichen und geistigen
Facultäten untergrabenden Leben, mit der Anweisung eines durchaus ruhigen, jeden abnormen Reiz abhaltenden Aufenthaltes, wo
sich die einem abnorm gesteigerten Stoffwechsel anheimgefallene
Materie wieder zu rehabilitiren vermag, und was dergleichen jedem
Fachmanne hinlänglich bekannten anderen Maassnahmen mehr sein
mögen — von speciellen Curen ganz abgesehen — haben schon
hundertfältig die Wunderwirkung einer prophylactischen Verord-
nung an den Tag gelegt. Es muss demnach als eine Pflicht des
Arztes bezeichnet werden wie im Allgemeinen, so auch der Paralyse gegenüber möglichst frühzeitig die Erkenntniss der Erkrankung anzustreben, und ich wiederhole, dass es durch die
Beachtung der Schrift möglich sein wird — neben einer ganzen
Reihe anderer bekannter Zeichen — dieses Bestreben in nicht
unwesentlicher Weise zu fördern und zu unterstützen. Ich habe
oben versucht, die Schrift der Paralytiker, die sich als wohl um-
grenztes Symptom darstellt, genau in ihrer Weise und ihrem
Vorkommen zu präcisiren, dass es mir nicht allzuschwierig dünkt,
dieses Symptom in geeigneten Fällen wiederzuerkennen. Wiederholen will ich hier nochmals, dass die Schrift der Paralytiker
anfangs absolut frei ist von jeder abnormen formellen Darstellung,
und nur Sinnfehler — die ich oben in ihrem Wesen näher beleuchtet habe — darbietet. Es ist vollkommen richtig, wenn
Hitzig in seiner mehr cursorischen Darstellung der Paralyse in
v. Ziemssen's Handbuch die Schrift der Paralytiker als „eine
eigenthümlich zittrige, gehackte Handschrift" beschreibt, allein
das gilt doch nur für die vorgeschrittenen Stadien, bei deren
symptomatologischer Beschreibung dieser Autor die Schrift auch
aufführt; für das Stadium des Beginnes oder der Einleitung kommen diese combinirten Formen noch nicht in Betracht, hier
gilt nur die formal richtige, allein sinnfalsche Schrift. Hier kann
sie sehr früh zur Beobachtung kommen, meist schon vor dem
Auftreten aller Coordinationsstörungen der Sprache und des
Ganges, vor dem Zittern der Gesichtsmuskeln, vor der Ungleich-
heit der Pupillen. Sie hat also positiven diagnostischen Werth.

Weiterhin muss ich auch ein grosses Gewicht auf dieselbe legen in differential-diagnostischer, und damit natürlich auch in hervorragend prognostischer Hinsicht. Steht es einmal fest, dass der beschriebene Typus der Schrift nur bei Paralyse vorkommt, oder vielmehr allgemein genommen nur bei allen materiellen Veränderungen innerhalb der Ganglienzellen der grauen Rinde — und diese Anschauung vertrete ich — so muss sie uns gerade wegen dieses charakteristischen Vorkommens ein Mittel an die Hand geben, die so oft gestellte Frage Paralyse oder nicht, in positivem Sinne zu beantworten. Der Fachmann weiss ja, wie oft diese Frage von den Angehörigen und Hausärzten des Kranken in dem Sinne der Negation dem Irrenarzte gegenüber zu beantworten versucht wird, und welch schweren Stand der letztere einnehmen muss, wenn er nur auf den ferneren Verlauf abwartend hinweisen kann. Auch hier ist es vielleicht der Schrift beschieden, ein bestimmtes, unanfechtbares Urtheil zu sprechen, besonders wenn es sich durch allseitigere Erfahrung immer mehr herausstellen sollte, woran ich nicht zweifle, dass diese Form der veränderten Schrift nur bei diffuser organischer Veränderung der Rinde vorkommt, und bei allen consensuellen oder sympathischen Erkrankungsformen ausbleibt. Ich will hier mit zwei treffenden Beispielen diese Frage zu beleuchten versuchen.

1. Herr N. N., 47 Jahre alt, wurde unserer Anstalt übergeben mit einem Attest des Hausarztes, welches allgemeine fortschreitende Paralyse constatirt hatte. Den Angehörigen war die Art der Erkrankung erklärt, dieselbe als unheilbar hingestellt, und ein sicheres Ende des Patienten in höchstens 1 bis 1 1/2 Jahren vorausgesagt worden. Bei der Aufnahme stellte er sich als einen im höchsten Grade aufgeregten Kranken dar, der mit den colossalsten, stets wechselnden Grössenideen um sich warf. Bald war er König, bald Kaiser; baute fabelhafte Maschinen; ernennt Minister; stellt die Aerzte mit riesigen Gehältern an u. s. w. u. s. w. Dabei ist sein Gang sicher, nur zuweilen taumelnd, die Sprache nicht gestört. Die genauere Untersuchung ergibt: Ein über den ganzen Körper verbreitetes maculöses kupferfarbiges Exanthem, Drüsenanschwellungen, Geschwürchen an Zunge und im Rachen; Pupillendifferenz, links weiter als rechts. Romberg'sches Symptom sehr stark ausgesprochen; beim Gehen bei geschlossenen Augen Abweichen nach rechts hin. Localisation von Nadelstichen

genau, ebenso die Unterscheidung von Kopf und Spitze. Feinere Prüfungen können wegen der fortdauernden Unruhe des Kranken nicht vorgenommen werden. Aetiologisch und anamnestisch wird erhoben: In seiner Ascendenz sind weder Nerven- noch Geisteskrankheiten erblich; die väterliche Linie zeichnete sich aus durch Eigensinn und Starrsinn, die auch auf den Patienten übergegangen sind. Er war gut beanlagt, sehr ehrgeizig und ausserordentlich strebsam. Vortreffliches Gedächtniss. Vielen Erkältungen ausgesetzt. Häufig in baccho et venere excedirt, hat mehrere uneheliche Kinder. Vor 8—10 Jahren infectio syphilitica. Hämorrhoiden. Seit ungefähr zwei Jahren nachlässig in seinem Geschäft, gleichgiltig, oft deprimirt und niedergeschlagen. Gleichzeitig ging er in der Ernährung zurück (Magencatarrh?). Häufige Anfälle von Schwindel traten auf. Einen Monat vor der Aufnahme entwickelte sich ziemlich schnell heftige Erregung; Patient äusserte Grössenideen, überschätzte sein Vermögen und seine Leistungen, macht schwindelhafte Projecte. Fand nirgends Ruhe, duldete keinen Widerspruch, wurde oft thätlich. Damals trank er viel.

Nach dem Tage seiner Aufnahme schrieb er beifolgend (Fig. 17) wiedergegebenen Brief; er soll einen Contract zwischen ihm und mir vorstellen, durch den er sich zum Bleiben in der Anstalt verpflichten wollte. Den Inhalt kann ich nicht ganz wiedergeben, da er Personalien enthält, die sich der Publication natürlich entziehen. Er erklärt, dass er von dem hochseligen König Friedrich Wilhelm IV. angestellt sei, fügt hinzu: „Ruhe in Gott, du lieber treuer Herrscher", und setzt schliesslich seiner Namensunterschrift bei, durch wen er geprüft worden.

Trotz dem wahnsinnigen Inhalte ist derselbe doch in durchaus correcter Form dargestellt, und Verstösse gegen die Grammatik finden sich ebensowenig vor wie gegen die Form. Ich schloss mich daher der Diagnose Allgemeine Paralyse nicht an, vermuthete vielmehr eine durch syphilitische Infection herbeigeführte Hyperämie der Rinde und liess den Kranken antisyphilitisch behandeln. Nach sechs Monaten konnte er sozusagen geheilt die Anstalt verlassen.

2. Im zweiten Falle handelte es sich um einen höheren Beamten, der noch in meiner Behandlung sich befindet. Derselbe hatte im Laufe der letzten 1½ Jahre auffällige, zunehmende

Gedächtniss- und Sprachstörungen gezeigt, war in erheblicher Weise reizbar, aufbrausend und heftig geworden, so dass er nicht mehr seinen Berufspflichten nachkommen konnte. Es wurden mehrere Irrenärzte consultirt, die alle ohne Ausnahme die Krankheit für eine allgemeine fortschreitende Paralyse erklärten, jede Hoffnung auf Besserung verneinten, und ein baldiges Ende voraussagten. Der Kranke sollte unserer Anstalt zugeführt werden, und die Familie überliess ihm scheinbar noch selbst eine Entscheidung dieser Angelegenheit. Obwohl diese längst erledigt war, schrieb er mir doch einen Brief, in welchem er mir einiges über sein Leiden mittheilte. Ich theile in Fig. 19 ein Stück dieses Briefes mit, aus dem gleichzeitig in gewisser Beziehung seine Intelligenz zu Tage tritt. Die Schrift zeigt Zitterschrift, aber keine Verstösse gegen die Grammatik, und der Patient hat die Fähigkeit bewahrt, selbst die Erschwerung beim Schreiben beachten zu können. Schon diese Schriftprobe erregte in mir erhebliche Zweifel an der Diagnose Paralyse, die nach der persönlichen Untersuchung des Kranken zur Gewissheit wuchsen, dass es sich um Paralyse nicht handle. Vielmehr leidet der Patient, bei dem bisher jeder ohnmachtsähnliche, epileptiforme, paralytische oder wie man ihn nennen will, Anfall fehlte, der keine Wahnideen, keine Paresen oder groben Coordinationsstörungen hatte, an einer in ihrer Qualität allerdings mit Bestimmtheit nicht definirbaren Affection der linken Inselgegend mit amnestischer Aphasie und Gedächtnissabnahme ohne Hemiplegie. Die genaueren differential-diagnostischen Beziehungen und die eingeleiteten therapeutischen Maassnahmen gehören nicht hierher, aber das soll noch einmal hervorgehoben werden, dass die Diagnose Paralyse auch in diesem Falle bei Beachtung der Schrift des Patienten nicht hätte gestellt werden dürfen.

Ich komme nun zu einem weiteren sehr wichtigen Punkt, dessen Klarstellung in der Behandlung der Paralytiker oft mit grossen Schwierigkeiten verknüpft ist, und doch angestrebt werden muss, das ist die Entscheidung darüber, ob ein betreffender Fall durch Syphilis bedingt ist, oder nicht.

Wie weit der Einfluss einer syphilitischen Infection auf den späteren Ausbruch einer Periencephalitis reicht, ob diese überhaupt, und bis zu welchem Umfange von der früheren Infection abhängt,

das sind Fragen, die wir a priori gar nicht zu entscheiden vermögen. Die Erfahrung fördert hier fortwährend die grössten
Widersprüche an den Tag, und ich könnte eine ganz ansehnliche
Zahl von Fällen aufführen, bei denen eine durch die factisch nach-
gewiesene, womöglich noch manifeste Syphilis indicirte specifische
Behandlung gar keinen Erfolg für die Paralyse aufzuweisen hatte,
während bei anderen Fällen, bei denen anamnestisch höchstens
ein s. g. Tripper eruirbar war, eine versuchsweise, gewissermaassen an die Natur gerichtete Anfrage mit grauer Salbe und
Jodkalium entschieden positiv beantwortet wurde. Ich will nun
durchaus nicht behaupten, dass jeder syphilitische Paralytiker
heilbar sei, ich bin im Gegentheil ganz entschieden der Ansicht,
dass Paralyse und Lues in einem Organismus neben einander
sehr wohl vorkommen können, derart, dass die erstere nicht die
Folge der letzteren ist, beide vielmehr jede für sich absolut selbst-
ständig, von einander unabhängig sind, aber ich sehe es trotzdem immerhin als im höchsten Grade werthvoll an, wenn wir
überhaupt positiv bei der Paralyse zu sagen im Stande sind,
dieser Fall ist durch Syphilis bedingt, jener nicht. Und das vermögen wir, meiner Meinung nach, mit Hülfe der Schrift. Ist die
Paralyse eine durch die Lues bedingte, so muss auch die gegen
die specifische Erkrankung der Rinde gerichtete specifische Behandlung einen Erfolg zunächst documentiren in einer Wieder-
aufnahme der Rindenfunctionen, und da ist es denn eine mir
allerdings unerklärliche Thatsache, dass hierin die Schrift einen
Vorzug zu besitzen scheint; sie bessert sich früher als andere
Symptome, und hat ausserdem noch den Vorzug der Objectivität.
Ueber Gang, Sprache, Zittern der Gesichtsmuskeln, Weite der
Pupille und andere Symptome ist es sehr schwer ein ruhiges,
absolut objectives Urtheil zu gewinnen, zumal wenn die Beurtheilung dieser Verhältnisse durch die Hoffnung auf den Erfolg einer
eingeleiteten Behandlung praeoccupirt ist; fehlen ja ausserdem
auch die vergleichenden Bilder der vorhergehenden Zeit. Die
Schrift übertrifft auch darin jene Symptome an Werth, indem sie
sich mit früher angefertigten Proben einfach in Vergleich setzen
lässt, und so die objective Entscheidung ermöglicht.
     Ich will hier ein sehr belehrendes Beispiel anführen:
     N. N., 45 Jahre alt, hat sich vor 9—10 Jahren inficirt.
Seit einem Jahre Gedächtnissstörungen, ohnmachtsähnliche Anfälle

mit Verlust des Bewusstseins. Seit einigen Monaten Grössen-
idcen. Status praesens: Manifeste Syphilis (geschwollene In-
quinaldrüsen; Psoriasis an den Händen); Zuckungen im linken Facialis; Tremor der Hände; linksseitige Mydriasis und Ptosis: rechtsseitige Hemiparese mit Gefühlsabnahme; Erschwerung der Sprache.
Geistig: colossale Grössenideen (König, Kaiser), mit Jedermann
auf „Du"; kein Orientirungsvermögen. Will sich ein Schloss
bauen für 3 Millionen, wozu er Baumeister aus Paris, London etc. kommen lässt; wird nachher in den Grafenstand ge-
hoben u. s. w. u. s. w.

Den oben erwähnten Schlossbau decretirt er schriftlich; die
Probe ist beigefügt Fig. 5 a: „Ich baue mir eine Villa für
3,000,000," seinem Namen hat er ein v., sich selbst den Adel ver-
leihend, vorgesetzt. Es wird nun eine antisyphilitische Behandlung bei dem Patienten eingeleitet, die wegen seiner bedauer-
lichen Neigung zu Stomatitis häufig unterbrochen werden muss.
Am 26. Tage nach Beginn der Cur, nachdem er inzwischen 17
Einreibungen*) erhalten und 2 Gramm Jodkalium pro die genommen hatte, schrieb er die Probe Fig. 5 b: „Ich baue mir keine
Villa mehr." Es wurde ihm damals die erste Probe gezeigt und
er gefragt, ob er wohl wisse, wer jene geschrieben habe; er
wurde dabei etwas ärgerlich und schrieb das neue aus eigenem
Antriebe, seinem Namen entzog er diesmal den Adel. Die Sprache
und der durch die Hemiparese erschwerte Gang bessern sich erst
viel später; die in der neuen Schriftprobe anticipirend angedeutete Besserung seines geistigen Verhaltens bezüglich der Erkenntniss seiner Krankheit trat erst lange nachher ein.

Dies eine Beispiel möge zur Illustration des Gesagten genügen
und dazu beitragen, die Aufmerksamkeit auf diese Frage zu lenken.

Obwohl in den bisherigen Mittheilungen, wenn sie sich auch
vorzugsweise mit der Diagnose und Differentialdiagnose befassten,
doch schon mancherlei über den practischen Werth der Schrift bei der
Prognose mit untergelaufen ist, so blieben doch noch folgende
zwei Punkte in dieser Beziehung hervorzuheben. Es ist das zunächst die Combination der rein dysgrammatischen Schrift mit
Formveränderung bei Paralyse, sodann das Isolirtbleiben der
Dysgrammatographie. Ersteres Verhalten habe ich immer bei

---

*) Ung. Hydr. cin. 5,0 gramm pro dosi.

dem Weiterschreiten der Paralyse beobachtet und es kann daher auch der umgekehrte Schluss gestattet sein, zu sagen, wenn die Combination eintritt, lässt sie die übliche Progression der Paralyse voraussagen. Das ist als allgemeine, ausnahmslose Regel aufzustellen. Dagegen kann ich das Ausbleiben der erwähnten Schriftcombination bis jetzt nur auf zwei Beobachtungen stützen, die bereits oben (pag. 48 u. 49) angeführt sind. Es handelte sich beidesmal um protrahirte Fälle, bei denen die Krankheit Jahre lang auf einem Punkte stationär blieb. Möglicherweise steht dies Verhalten, welches ja von der Regel bei Paralyse abweicht, in Zusammenhang mit jenem anderen, auch von der Regel abweichenden Vorkommen und darum will ich, allerdings mit aller nöthigen Reserve die Vermuthung aussprechen, dass Fälle von allgemeiner fortschreitender Paralyse, bei denen die dysgrammatische Schrift längere Zeit uncomplicirt bleibt, einen von dem gewöhnlichen abgehenden, sich sehr lange hinziehenden Verlauf voraussagen lassen.

Um schliesslich die Schrift als Hülfsmittel zur Beurtheilung von Erfolgen in der Therapie zu schildern, will ich folgende Beispiele anführen.

Zunächst ist hier auf den oben bereits mitgetheilten Fall zu verweisen, wo bei einer Erkrankung des Gehirns an Lues bereits am 26. Tage der eingeleiteten Behandlung ein ganz erheblicher Erfolg durch die Schrift nachweisbar geworden war.

Sodann gehört hierhin der Fall von Typhus, von dem bei der atactischen Schrift die Rede gewesen, wo auch die betreffende Schriftprobe angeführt worden ist; dieselbe ist am ersten Tage nach dem Abfall des Fiebers angefertigt worden. Die Ataxie ist deutlich ausgeprägt und im gegebenen Falle zweifellos cerebraler Natur. Der Patient zeigte damals gleichzeitig starke Ataxie der Zungenmuskulatur (Stottern); er erinnerte sich an diesen ersten Brief, den er schreiben konnte, später nicht. Die Reconvalescenz verlief weiterhin günstig und regelmässig, der Thermometer konnte Fieberexacerbationen nicht mehr verzeichnen und büsste also seinen Werth für die Beurtheilung der voranschreitenden Genesung ein. Dieselbe musste daher objectiv durch andere Hülfsmittel controlirt werden und dazu bot vorzüglich in geistiger Beziehung d. h. als Controle der sich wieder normalisirenden Hirnthätigkeit (Rindenfunction) die Schrift ein leicht anwendbares, und in seiner Leistung fixirbares Mittel dar. Man hätte auch die atactische Sprache allenfalls mit Hülfe der sog. empfindlichen Flamme für späterhin demonstrirbar machen, man hätte die rein körperliche Reconvalescenz durch die Waage constatiren können, allein ausserhalb der Hospitalpraxis oder gar wie in meinem Falle im Kriege sind derlei complicirten Mittel doch nicht anwendbar, und ausserdem wäre keines wohl gerade für die Darstellung der psychischen Reconvalescenz geeigneter gewesen. Die Schrift hat dies in dem bezüglichen Falle in ganz vortrefflicher Weise zu Stande gebracht. Ich kann jedoch hier auf die Wiedergabe noch grösserer Schriftproben mich unmöglich einlassen und muss mich darauf beschränken, den Nachlass der Ataxie, also der rein formalen Störung deutlich nachzuweisen und dazu wähle ich des anschaulicheren Vergleiches wegen ein und dasselbe Wort, welches sich auf den Briefen unseres Patienten immer wieder findet, nämlich: „Feldpostbrief." Der erste Brief (Fig. 4 a) ist wie die Aufschrift in prächtiger atactisch-dysgrammatischer Weise erkennen lässt am 22. April 1871 geschrieben; von dem Couvert dieses selben Briefes stammt Fig. 6. Auch hierin tritt noch evident der Dysgrammatismus zu Tage, indem geschrieben steht: „Feldpostprief."

Nach weiteren 10 Tagen (2. Mai) wird schon Fig. c geschrieben, wo schon bis auf den Punkt über dem i die grammatischen Fehler in Ausfall gerathen. Nach ferneren 6 Tagen (8 Mai) erfolgt Fig. d, die auch in der formalen Darstellung erhebliche Fortschritte aufweisen kann. Späterhin ganz genesen wurde e geschrieben, was zugleich als Uebersetzung des geradezu unleserlichen Briefes hier abgedruckt worden ist.

Ferner ist hier anzuführen der Fall von Heerdsclerose aus der Abtheilung von Charcot. Die Kranke trat am 24. Februar 1864 in die Salpêtrière ein. Im Mai 1865 nahm Charcot das oben (pag. 33) mitgetheilte Bruchstück eines Schriftsatzes von ihr auf, welches deutliche Zitterschrift zeigt, und für diese Schriftform auch von mir oben beispielsweise angeführt worden ist. Vom Juni an wurde die Kranke mit Argentum nitricum (Anfangs 2, später 4 Milligramm) behandelt. Unter dieser Behandlung verminderte sich das Zittern sehr merklich, was man nach folgender Figur beurtheilen mag.

Dazu ist zu bemerken, dass die Kranke im Mai 1865, also bei dem ersten Schreibversuch, sehr ermattet war, nachdem sie die drei

C'est vraiment prodigieux

Ce 15 Octobre 1865:

Joséphine Serutky

Zeilen, die oben wiedergegeben sind, geschrieben hatte, während sie im Oktober im Stande war, mit Leichtigkeit zehn Linien zu schreiben. Es ist ein Theil der ersten und die letzte Linie hier reproducirt. Auch dieses Beispiel dürfte an Deutlichkeit nichts zu wünschen übrig lassen und meine Ansicht über den Werth der Schrift für die Beurtheilung der Therapie nur bestätigen.

Haben wir bis jetzt mit Hülfe der Schrift die Erfolge nachzuweisen vermocht, welche die eingeleitete Behandlung bei Syphilis (Jodkalium und Quecks.), Typhus (Chinin) und einem sclerosirenden Processe des Centralnervensystems (Argentum nitricum) errungen hatte, so soll diesen Beispielen jetzt ein solches von sog. Spontanheilung resp. Besserung angereiht werden, wo ebenfalls die Schrift objectiv die eingetretene Besserung resp. Remission des Leidens nachzuweisen vermochte. Es handelt sich um einen fast 60jährigen Mann, dessen Erkrankung offenbar eine Rindenaffection darstellt; ich würde sie ohne Weiteres Paralyse nennen, wenn mir ausser einigen anderen Erscheinungen nicht das Alter dagegen spräche; von dementia senilis dürfte wegen der eintretenden Remissionen und vollständig luciden Intervallen nicht wohl die Rede sein. Wegen der Unsicherheit der Diagnose soll die betreffende Krankheitsgeschichte hier mitgetheilt werden. Die beiden Intervalle documentiren sich — natürlich auch in anderen Symptomen — ganz hervorragend auch durch die Schrift.

Patient, ein Mann von 59 Jahren, stammt von unter einander nicht verwandten Eltern; eine Schwester, die für sich isolirt lebt, wird als verdreht angesehen, sonst liegt hereditär nichts Belastendes vor. Mit 12 Jahren überstand er einen Typhus. Wurde Officier; stets exaltirt.

Geistig sehr beanlagt. Nahm mit 32 Jahren plötzlich und ohne Grund den Abschied, ging zur Verwaltungscarrière über. Strafversetzung vor 10 Jahren. Seitdem verstimmt, hielt sich isolirt, las viel, konnte aber geistig gut arbeiten und versah seine Stellung sehr gut. Von Zeit zu Zeit Aufwallungen von Eifersucht; Schlaflosigkeit; sein früherer Jähzorn liess seit zwei Jahren nach. Beschäftigungen im Garten nahmen etwas trieb-artiges, krampfhaftes an. Seit vor zwei Jahren Formicationen in den Bei-nen, verschlechterter Gang, allmälige Abnahme des Gedächtnisses; auch Ge-ruch und Gehör sollen abgenommen haben. Vor 8 Tagen ganz verwirrt; am folgenden stürzte er zusammen, blieb längere Zeit bewusstlos. Dr. Heuser, Director der Provinzialirrenanstalt für Nassau auf dem Eichberg, wird nun von dem Kranken consultirt, aus dessen über ihn ausgestelltem Atteste ich folgendes hier anführe: „Den Patienten kenne ich schon über 10 Jahre. Er war schon damals ein schwacher Mann; insbesondere deutete sein breit-spuriger, schwerfälliger Gang auf Schwäche des Rückgrats; seine geistigen Fähigkeiten waren sehr entwickelt, und er beschäftigte sich vorwiegend mit Lectüre der Classiker. Er macht sofort auf den Arzt, der mit Geisteskrank-heiten vertraut ist, den Eindruck eines geistig in hohem Grade geschwäch-ten Mannes. In der Untersuchung kommt er ohne allen logischen Zusammen-hang von einem Gesprächsthema auf ein anderes. Dabei ist bemerklich, wie er kaum Worte finden kann für seine gehobene glückliche Stimmung. Alles ist herrlich, himmlisch; er selber nennt sich den glücklichsten Men-schen, der demnächst durch seine Leistungen in der Welt excelliren werde. Zunächst will er, wie er mir erzählte, nach Wiesbaden, um daselbst mehrere Generale aufzusuchen, dann nach Ems, wo er mit dem Kaiser und Bismarck zusammenkommen werde; dann werde er Kreuznach und noch verschiedene andere Bäder besuchen. In diesen und ähnlichen Grössenwahnideen ergeht sich der Kranke anhaltend. Wie seine Frau und der ihn begleitende Wärter aussagten, war er in letzter Zeit zu Hause vorübergehend sehr erregt und selbst gewaltthätig gegen seine Frau, machte eine Menge unnützer und ganz absonderlicher Einkäufe, schlief wenig, wanderte in der Nacht im Hause umher vom Speicher zum Keller und war es unmöglich, ihn länger in der Familie zu verpflegen. Der Kranke macht den Eindruck eines Pa-ralytikers, wiewohl ich diese Diagnose nicht als unzweifelhaft hinstellen möchte." Mit diesem Atteste langte er hier an. Patient ist ein hagerer, sehr alt aussehender Mann mit weissem Haar und Bart; steht in gebückter Haltung; der Gang ist unsicher, leicht stolpernd, besonders beschwerlich wird ihm das Treppensteigen. Die Sprache ist haesitirend, um Worte ist er nicht verlegen. In der Bettlage sind seine Beine bei offenen und ge-schlossenen Augen nach allen Richtungen hin gut beweglich, keine Ataxie. Die Sensibilität für einfache Berührungen ist wohl erhalten. Die Druck-kraft der rechten Hand ist geringer als links. Facialis intact; alle isolirten Bewegungen beiderseits wohl ausführbar. Zunge wird gerade vorgestreckt, zeigt keine fibrillären Zuckungen. Pupillen eng, beide gleich, reagiren träge. Puls 76 regelmässig. Herz und Lungen in Ordnung. Beide Füsse etwas oedematös, links mehr wie rechts; Zunge belegt. Von seiner Frau nimmt er ziemlich theilnahmlos Abschied.

Erlenmeyer, die Schrift.   5

(16 Mai.) Will abreisen, Einkäufe machen, an alle möglichen Personen telegraphiren. (17.) Ruhige Nacht. Droht mit Selbstmord, wenn er nicht entlassen würde. (19.) Isst schlecht. Schläft gut. Protestirt gegen seinen hiesigen Aufenthalt. Missglückter, einfältig angestellter Fluchtversuch. (20.) Klagt über Verworrenheit im Kopfe, er wisse nicht, was er thue; bleibt zu Bett. (21.) Gehobene Stimmung, lobt sein Befinden in überschwänglichen Ausdrücken, sehr vergnügt; las, wusste aber nicht zu erzählen, was er gelesen hatte. Heftiges Jucken am linken Unterschenkel, der immer angeschwollen ist. Puls 76—80. Urin hell, frei von Eiweiss. (23.) Besuch der Frau, worüber sehr erfreut. Droht mit Aufhängen, wenn sie ihn nicht mitnähme. Später denkt er nicht mehr an sie, sehr vergnügt. Gang schleppend, wie bei körperlicher Schwäche. (25.) Isst ordentlich. Spricht viel verworrenes und blödsinniges Zeug. Gefühl ausgezeichneten Wohlseins; versucht Witze zu machen, meist zotigen Inhaltes. Erzählt auch von wollüstigen Träumen, die er gehabt habe. (28.) Spricht beständig Zoten. Sagt selbst, er sei ganz verworren und vergesslich. Heftiges Zittern beider Hände, sodass ihm das Ankleiden schwer fällt. Beim Stehen mit geschlossenen Augen unbedeutendes Schwanken. (30.) In sehr gehobener und vergnügter Stimmung, macht beständig Witze, meist recht zweideutige. Meint, wenn seine Frau wieder einmal herkäme, solle man sie beaufsichtigen, da sie sich nach dem Leben trachte. Isst reichlich. Sprache ist entschieden geläufiger geworden; auch der Gang etwas sicherer und kräftiger. Schrieb heute obigen Brief (Fig. 14a). — (31.) Sehr heitere Stimmung, läuft beständig umher, schwätzt in einem fort, wobei er sehr oft den Faden verliert. Möchte alle Menschen glücklich machen.

(Juni 1.) Unsauber und unordentlich (3.) Gehobenes Selbstgefühl, erzählte fortwährend von seinen Leistungen. Fragt nicht nach seiner Frau. (4.) Konnte heute Morgen plötzlich nicht sprechen, konnte die Worte nicht finden, lallte unverständlich. Dabei bestand sonst keine Lähmung weder im Facialis, noch sonst in einem Nerven; Zunge zeigte keine Ablenkungen. Nachmittags verlor sich der Zustand fast ebenso plötzlich, wie er gekommen war; ein unbedeutendes Hinderniss in der Sprache blieb zurück. (5.) Nachts ruhig geschlafen; spricht wieder geläufig, aber ohne allen Zusammenhang, bleibt zu Bett. (7.) Spricht verworren. Glücklichste Stimmung. Zieht die Strümpfe auf und will mit der Wolle nähen. Temp. Ab. 38,4. (8.) Total verworren. T. 37,0, ausser Bett, sprach ohne Aufhören, konnte sein ausgezeichnetes Befinden nicht genug loben P. 104. T. 38,2 Abends. (9). Lief heute morgen in mangelhafter Bekleidung in den Garten. Später wieder Anfall von Sprachlosigkeit. Athemnoth. Fiel einigemal um, ohne Bewusstseinsverlust. Auf Clystiere erfolgte Nachlass aller Erscheinungen. Der ganze Anfall dauerte eine Stunde. Gegen Abend entschieden nicht ganz bei Bewusstsein; wusste nicht, was er that; liess Urin und Stuhlgang in's Bett gehen. Abends konnte er wieder geläufiger sprechen und sicherer stehen. T. 38,2. (10.) Heute Morgen ganz munter, wie früher. (13.) Nachts wiederholt aufgestanden, ganz verworren. (15.) Heute in die Anstalt auf den Eichberg übergeführt. Die folgenden Notizen verdanke ich der gütigen Mittheilung des Director Heuser daselbst. Unterwegs plünderte er auf dem

Bahnhof in Oberlahnstein in den Anlagen die Rosenstöcke und steckte sich alle Knopflöcher voll Rosen. Wollte anfangs nach Wiesbaden zur Cur, fand sich aber schliesslich doch in seinen Aufenthalt auf dem Eichberg. (16) Sagt seine Söhne seien so schön, dass die Leute auf der Strasse stehen blieben. wenn jene vorübergingen; ebenso schön sei seine jüngste Tochter, sein vollkommenes Ebenbild. Erzählt Zoten. Protestirt dann schriftlich gegen die an ihm begangene Freiheitsberaubung, droht mit Staatsanwalt und Zuchthaus. „Die Handschrift ist regelmässig und sicher"; er spricht ziemlich geläufig und mit einer gewissen Gewandtheit des Ausdrucks und nicht ohne Humor. Nur zuweilen Schwierigkeit bei Bildung der Zungenlaute. Der Gesichtsausdruck zeigt bereits deutliche Spuren der Verblödung, ein dem Inhalte seiner Erzählungen entsprechendes Mienenspiel kaum constatirbar. (18.) Verlangt Lectüre und Schreibmaterialien, will Gedichte machen. (20.) Unwirsch, verlangt Entlassung. (21.) Freundlicher, erzählt mit Vorliebe erotische Geschichten. (23.) Einen kleinen Ausflug in die Umgegend erklärt er für einen selten schönen Nachmittag. (28.) Anschwellung des rechten Unterschenkels bis an's Knie; schreibt ein Gesuch an eine Behörde; „die Handschrift in dem Gesuch gleicht der gewöhnlichen Schreiberschrift, ohne charakteristische Züge, doch zeigen einzelne Buchstaben deutliche Spuren von Zittern, sowohl im Aufstrich als im Abstrich." (1. Juli.) Anschwellung beider Beine. Heitere Stimmung. (5.) Nachts einen ängstlichen Traum. (7.) Schreibt einen langen, numerirten Wunschzettel an seine Frau, und bittet um umgehende Uebersendung der notirten 38 Gegenstände, darunter eine goldene Uhr für 15 Mark „Die Schrift ist anfangs ziemlich klein und eng, wird aber allmälig immer grösser und zittriger." (9) Sammelt Notizen aus den Zeitungen (16.) Erzählt von seinem „fürchterlichen Glück" im Kartenspiel. (4. August.) Heiter und vergnügt; macht öfters Ausflüge in die Umgegend, wobei er sich stets gut amüsirt; spielt Karten; liest viel. Spricht vernünftiger. (15.) Starker Tremor der Hände. (19.) Besuch der Frau, worüber erfreut, macht mit ihr Ausflüge. (22.) Reist mit seiner Frau vom Eichberg ab, „gebessert entlassen". — Patient kommt wieder hierher zu mir.

(24. Aug.) Pupillen mittelweit, beide gleich, reagiren auf Licht prompt. Bewegungen der Bulbi ungehemmt. Facialis intact, Sprache absolut fliessend, ohne die geringste Haesitation. Die Schrift fliessend, glatt, leicht (Fig. 14, b). Steht und geht bei geschlossenen Augen sicher und ohne Schwanken. Gesichtsfarbe sehr gut. Ausdruck müde. Körperliche Functionen in Ordnung. Geistig beurtheilt er seine ganze Lage durchaus richtig. Schrieb nach Angabe der Frau schon in der letzten Zeit vom Eichberg äusserlich wohlgehaltene Briefe in gutem Zusammenhang, oft in Versen mit viel Witz nach Hause. Er erinnert sich an Alles, weiss den Namen seines Wärters von seinem Aufenthalt in unserer Anstalt, die anderer Patienten, Tag und Datum richtig anzugeben; erzählt von seinem Aufenthalt auf dem Eichberg, von anderen Kranken, seinen Ausflügen etc., alles in gemässigter Darstellung und durchaus im Zusammenhang. Das einzig Auffällige ist das, dass er gerne beim Erzählen bleibt. Er weiss, wie krank er

gewesen, erkennt die Besserung, will seinen bis November laufenden Urlaub hier verbringen und hofft bis dahin sich noch mehr zu erholen. Im Moment, wo er sein Amt übernimmt, will er auch wieder vollkommen Herr sein, ohne das leide seine Autorität. Er zeigt Interesse, ist über Politik etc. genau orientirt, spricht fliessend, urtheilt ganz richtig. Auf seine und seiner Frau dringende Bitte Aufnahme in die Heilanstalt für Nervenkranke zu 4wöchentlicher Beobachtung. (29.) Sehr nett, in jeder Beziehung macht er nur den besten Eindruck. (2. Sept.) Sehr besorgt um ein kleines Unwohlsein seiner Frau. Macht Ausflüge in die Umgegend. (12.) Traf auf einer Rheintour einen Bekannten, der ihn sehr wohl aussehend fand; erzählte sehr schön über diesen Ausflug. (22.) Patient macht noch einen bessern Eindruck wie Anfangs. Heute entlassen.

Patient übernahm seine frühere Stellung wieder und füllte sie auch vollkommen aus mit früherer Energie und seiner alten Umsicht. Leider dauerte dies günstige Verhalten aber nur einige Monate. Durch überanstrengendes Arbeiten, wozu er meist die halben Nächte zu Hülfe nehmen musste, trat wieder ein dem ersten Anfalle geistiger Störung analoger Zustand ein, der seine Ueberführung in eine Anstalt nothwendig machte. Auch hier in der Ruhe trat nach wenigen Wochen wieder Klarheit und Beruhigung, sagen wir ein lucides Intervall, ein. Dies dauerte nach den letzten erhaltenen Nachrichten noch an. Patient hat sich vernünftiger Weise pensioniren lassen.

Mag man den Fall auffassen, wie man will; das, worauf es mir hier ankommt zu beweisen, wird auch durch ihn bestätigt. Man vergleiche die Fig. 14 a und b. Erstere ist von dem Kranken geschrieben zur Zeit hoher Aufregung und Verwirrung, die Schrift ist deutlich atactisch-dysgrammatisch und spricht für Rindenerkrankung. Die zweite Probe ist ein Beispiel leichter Zitterschrift, im Uebrigen aber ohne jeden Fehler, geschrieben im Stadium eines luciden Intervalles; die beiden Proben nebeneinander können schon ohne jeden Commentar eine deutliche Krankheitsgeschichte darstellen.

Ich komme schliesslich zur schriftlichen Controle der Wirkung des constanten Stromes bei allgemeiner fortschreitenden Paralyse, eines therapeutischen Verfahrens, welchem andere Autoren entschieden das Wort reden.

Geraume Zeit hindurch habe ich mich mit diesem Gegenstande eingehend beschäftigt und ich ergreife hier die Gelegenheit meine Erfahrungen, die ich dabei über den durch die Schrift nachweisbaren Einfluss dieser Procedur auf die Kranken gewonnen habe, mitzutheilen. Mein Verfahren war einfach folgendes. Ich liess einen Paralytiker nach Dictat einen Satz niederschreiben, brachte dann eine bestimmte Zeit hindurch seine linke Kopf-

hälfte zwischen die Pole einer geöffneten galvanischen Kette und
dictirte dem Kranken danach wiederum den zuerst geschriebenen
Satz. Dabei stellte sich sehr bald ein in dreifacher Weise durch
die Schrift bemerkbarer günstiger Einfluss des galvanischen Stromes ein. Einmal verbesserte sich die vorher bestandene formelle
Schriftveränderung, sodann kamen die zuvor vorhandenen dysgrammatischen Störungen in Wegfall, endlich gebrauchte der
Kranke nach der Galvanisation seiner linken Schädelhälfte viel
weniger Zeit zu demselben Worte, als vorher. Betrachten wir
zur näheren Erläuterung des Gesagten Fig. 16, a und b. Die
Schrift der ersten Probe enthält in dreifacher Combination Tremor, Ataxie und Dysgrammatismus; zur Anfertigung gebrauchte
der Kranke genau $2^3/4$ Minuten. Nun wurde ein galvanischer
Strom von 6 Siemens'schen Elementen (200 W. E. im Rheo-
staten; N. A. 35 °, An auf Stirn, Kath. im Nacken) durch die
linke Kopfhälfte 5 Minuten lang durchgeleitet und dem Kranken
dann sofort Beispiel b dictirt. Er gebrauchte diesmal nur einige
Sekunden mehr als 2 Minuten, also fast $^3/4$ Minuten weniger als
vor dem Galvanisiren. Sodann sind die formellen und grammatischen Verbesserungen ebenfalls erheblich und in die Augen
fallend. Die Zitterbewegungen sind wesentlich vermindert und
die Ataxie fast nur noch in den abnorm dicken Grundstrichen
nachweisbar. Was die grammatische Verbesserung anlangt, so
vergleiche man „regnerisches" der zweiten Probe gegen „re-
gens" der ersten; „trotzdem" der zweiten gegen „troztdem" der
ersten. Im Ganzen ist aber die postgalvanische Schrift deutlicher, fester, in der Richtung gerader und ordentlicher gehalten,
als die erste.

Dies eine Beispiel mag genügen. Ich kann jedoch hinzuzufügen nicht unterlassen, dass trotz dieses scheinbar günstigen
Einflusses des galvanischen Stromes auf die Kranken in keinem
der Fälle, welche ich diesem Verfahren unterzogen habe, eine
nur einigermaassen bemerkenswerthe nachhaltige Besserung ein-
getreten ist.

Der Inhalt dieses Capitels lässt sich in folgenden Schluss-
sätzen zusammenfassen, die auf's Deutlichste die praktische Ver-
werthbarkeit der Kenntniss abnormer Schrift documentiren.

1. Die Schrift ermöglicht frühzeitig die Diagnose einer organischen diffusen Rindenerkrankung.

2. Sic stützt die Differentialdiagnose zwischen dieser und consensuellen oder sympathischen Erkrankungsformen der Rinde.

3. Sic ist befähigt die Entscheidung zu fällen in der Frage, ob eine allgemeine Paralyse durch Syphilis bedingt ist oder nicht.

4. Die Schrift kann objectiv mit Sicherheit benutzt werden für die Vorhersage des Verlaufes der allgemeinen Paralyse.

5. Die Schrift liefert objectiv den Nachweis therapeutischer Erfolge bei der Anwendung gewisser Arzneimittel und des constanten electrischen Stromes; sie zeigt die psychische Besserung an bei spontanen Remissionen gewisser Hirnerkrankungen.

Erklärung der Tafeln.

Taf. 1. Fig. 1. Schrift eines Hemiplegischen; a. rechtshändig, b. linkshändig, c. und d. linkshändige Abductionsschrift (Spiegelschrift).

Fig. 2. Physiologisch-atactische Schrift eines Kindes.

Fig. 3. Pathologisch-atactische Schrift (Combination mit Paralytikerschrift).

Taf. 2. Fig 4. a. Pathologisch-atactische Schrift; b., c. und d. beweisen objectiv die Besserung der die Ataxie bedingenden Krankheit; e. Schrift nach völliger Genesung.

Taf. 3. Fig. 5. a. Pathologisch-atactische Schrift bei Lues cerebri; b. Beweis der Besserung des Hirnleidens durch antisyph. Behandlung.

Fig. 6. Combination von atactischer-, Zitter- und Paralytiker. schrift.

Taf. 4. Fig. 7. Physiologische Zitterschrift.

Fig. 8. Pathologische Zitterschrift nach Abgewöhnung des Alkoholmissbrauches.

Fig. 9. Zitterschrift bei isolirter Affection des N. radialis.

Fig. 10. Dasselbe experimentell dargestellt.

Taf. 5. Fig. 11. a. Normale Schrift; b. bei Schreibekrampf; c. nach Verschwinden desselben. Alle 3 von einer Patientin.

Taf. 6. Fig. 12. Schrift der Paralytiker (Dysgrammatographie) uncomplicirt.

Taf. 7. Fig. 13. Dasselbe.

Fig. 14. a. Combination von atactischer- und Paralytikerschrift; b. von demselben Kranken während einer Remission der Erkrankung.

Taf. 8. Fig. 15. a—e. Paralytikerschrift; Beweis für die Differenz zwischen dieser und Paragraphie.

Fig. 16. Paralytikerschrift; b. einige Minuten nach a. geschrieben, nachdem Patient inzwischen durch die linke Kopfhälfte galvanisirt worden.

Taf. 9. Fig. 17, Taf. 10, Fig 19. Schriftliche Beweise gegen die in beiden Fällen diagnosticirte allgemeine fortschreitende Paralyse.

Taf. 10. Fig. 18. In einem epilept. Anfall geschrieben.

Taf. 11. Fig. 20. a—f. Paralytikerschrift; sämmtliche Proben sind von

u. 12. demselben Kranken und stellen das Verhalten der Schrift in der allg. fortschr. Paralyse dar. (Vergl. pag. 48.)

Fig 1

a

b

d. c

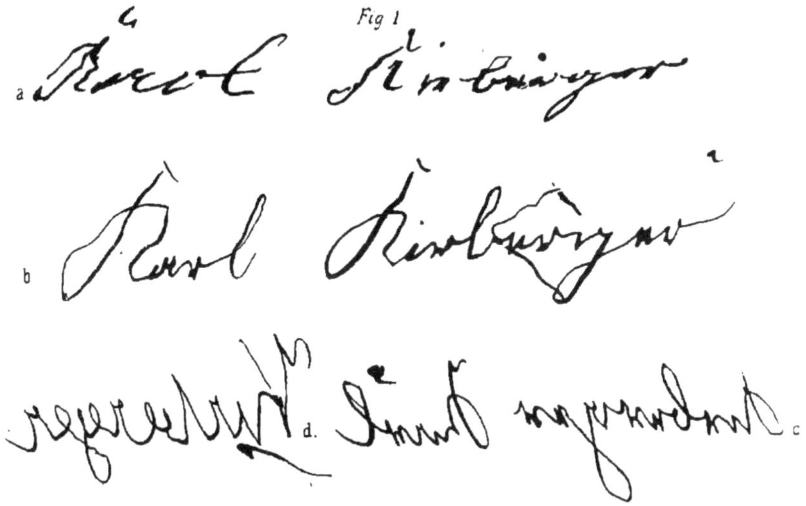

Fig. 2.

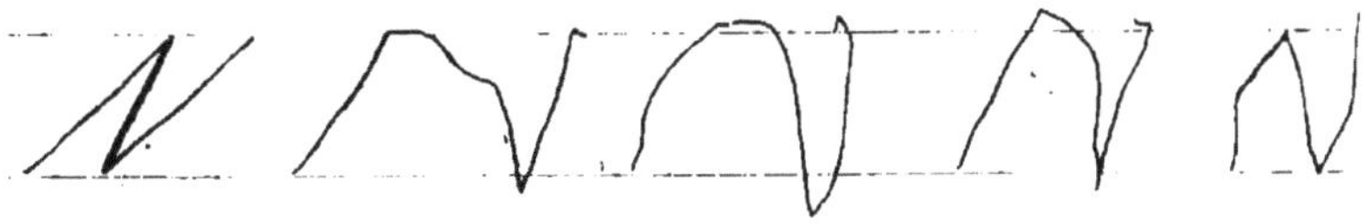

Fig. 3.

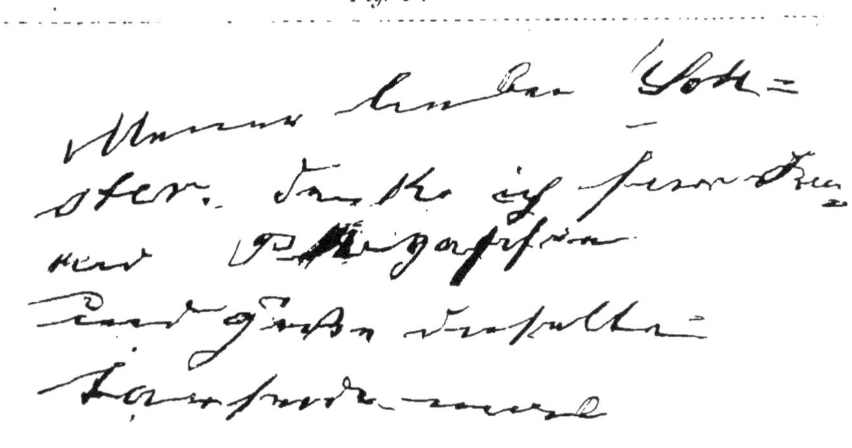

Erlenmeyer. Verlag von Adolf Bonz & Comp. in Stuttgart

b. c.

d.

Arnius den 22te April 1871.

e. Liebes Mutterchen!

Erlenmeyer.

Fig. 5.

a. *[handwriting]*

b. *[handwriting]*

Fig. 6.

[handwriting]

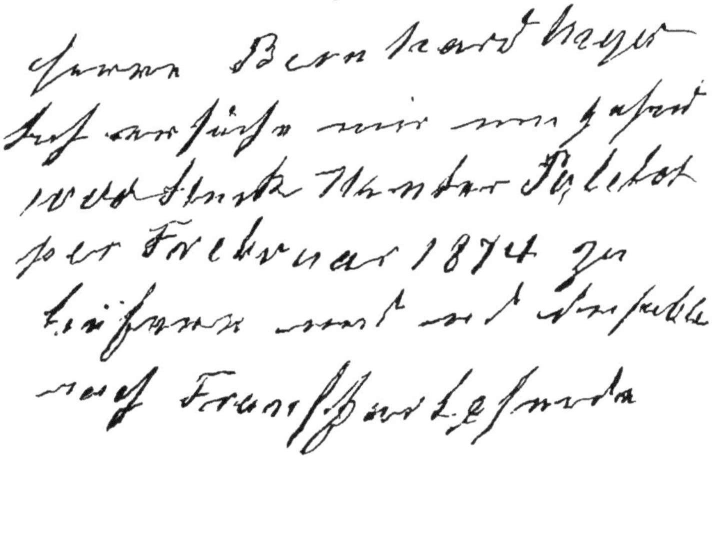

Taf. 4.

Fig. 7.

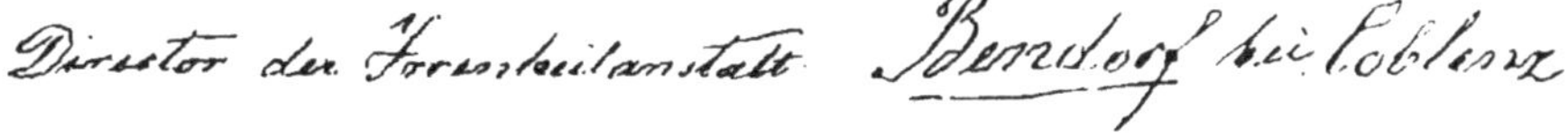

Fig. 8.

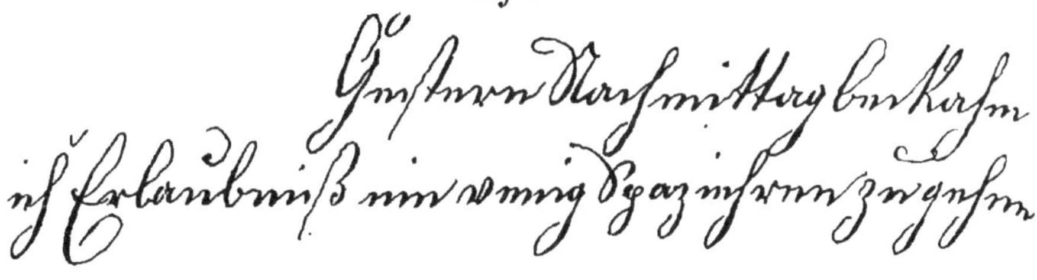

Fig. 9.

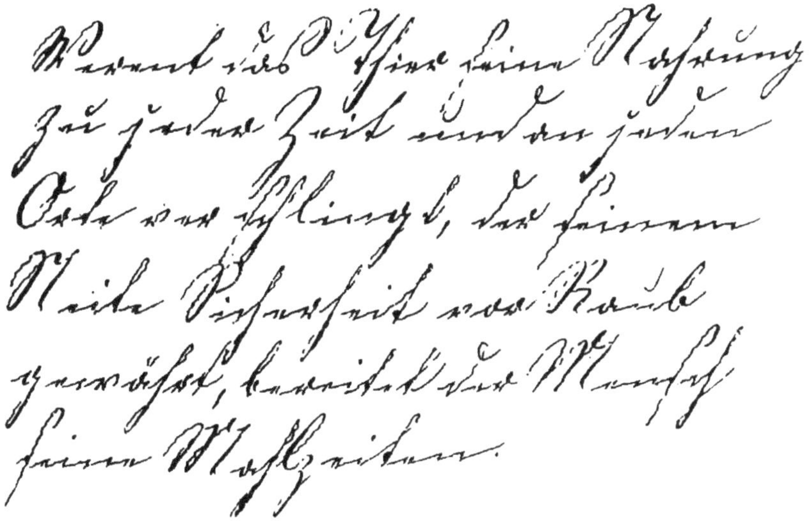

Fig. 10.

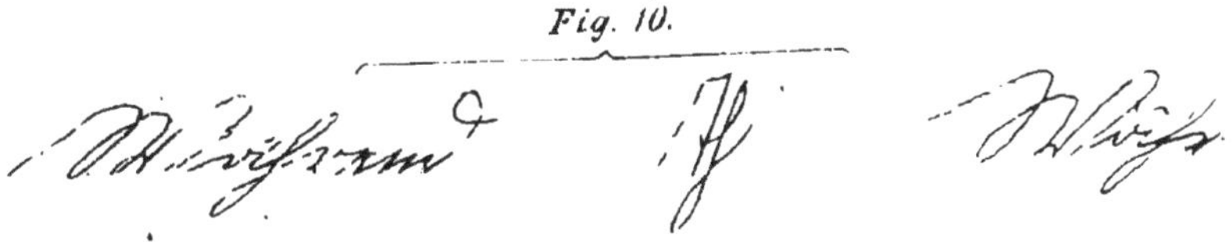

Erlenmeyer.

Fig. 11.

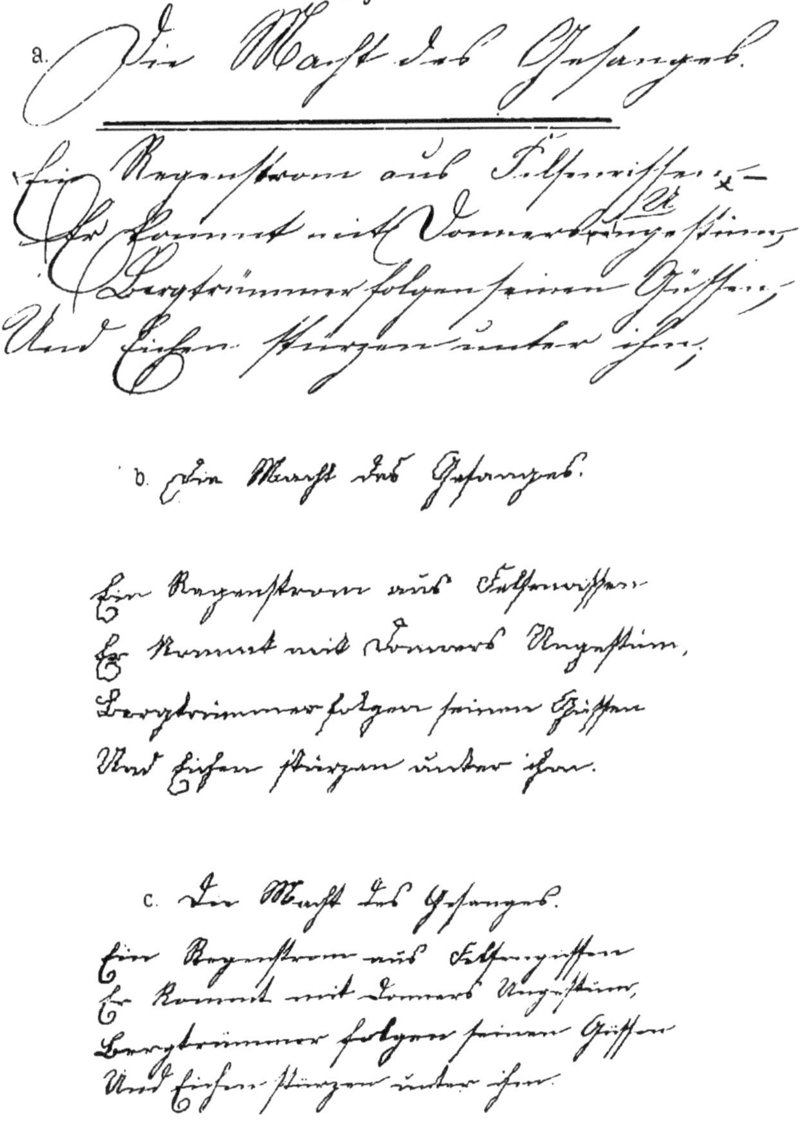

a. Die Macht des Gesanges.

Ein Regenstrom aus Felsenrissen,
Er kommt mit Donnergegestürm,
Bergtrümmer folgen seinen Güssen,
Und Eichen stürzen unter ihm.

b. Die Macht des Gesanges.

Ein Regenstrom aus Felsenrissen,
Er kommt mit Donnergegestürm,
Bergtrümmer folgen seinen Güssen,
Und Eichen stürzen unter ihm.

c. Die Macht des Gesanges.

Ein Regenstrom aus Felsenrissen,
Er kommt mit Donnergegestürm,
Bergtrümmer folgen seinen Güssen,
Und Eichen stürzen unter ihm.

E. Baumeyer.   Verlag von Adolf Bonz & Comp. in Stuttgart

Fig. 12.

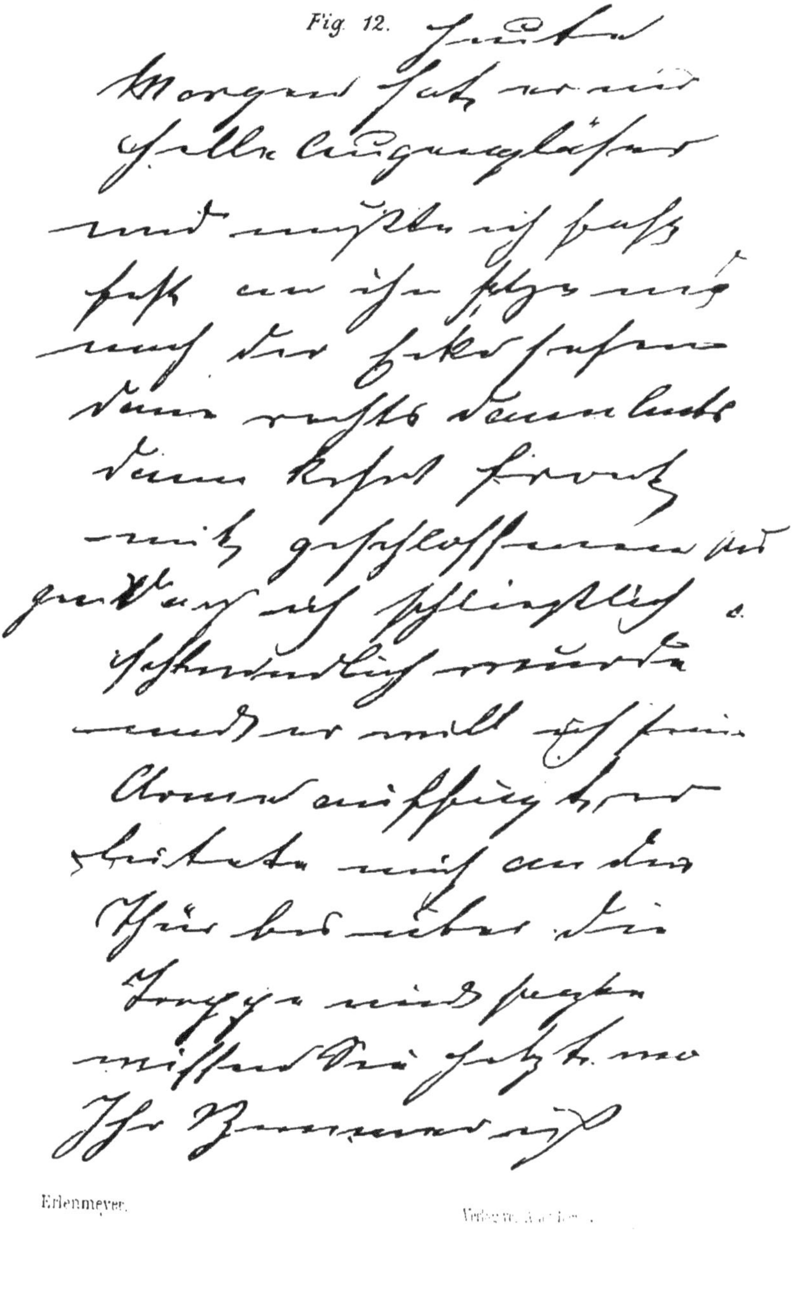

Taf. 7.

Fig. 13.

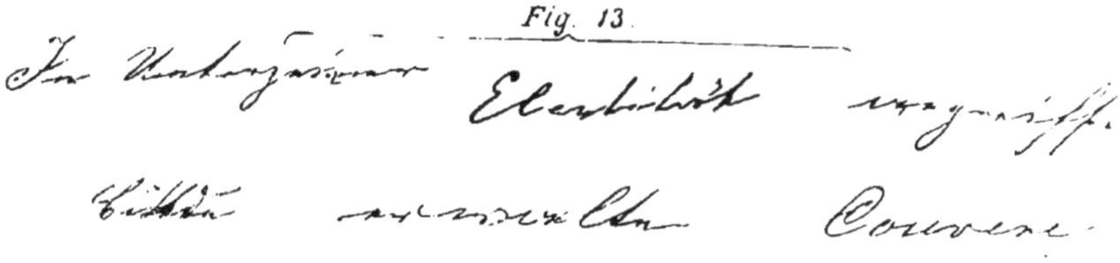

Fig. 14. a.

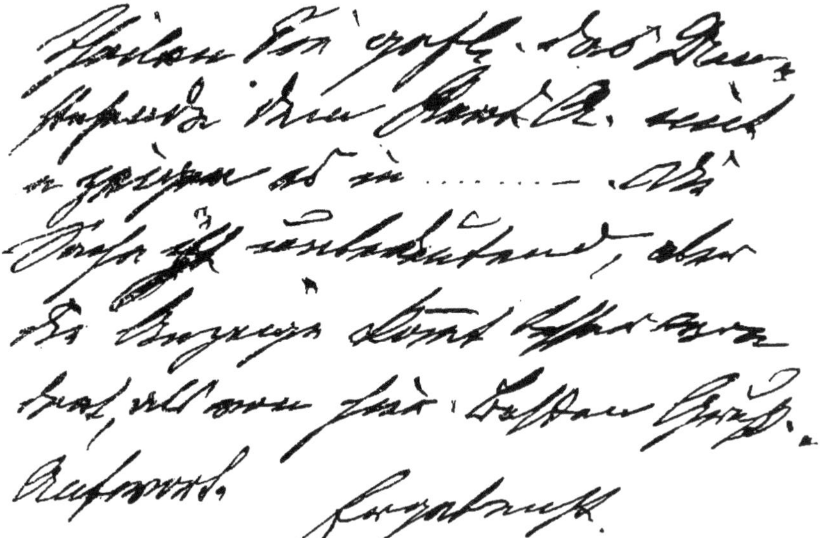

b.

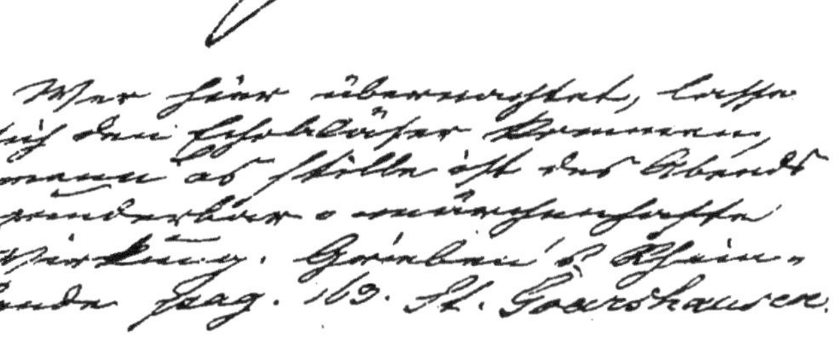

Erlenmeyer.

Verlag von Adolf Bonz & Comp. in Stuttgart.

Fig. 15.

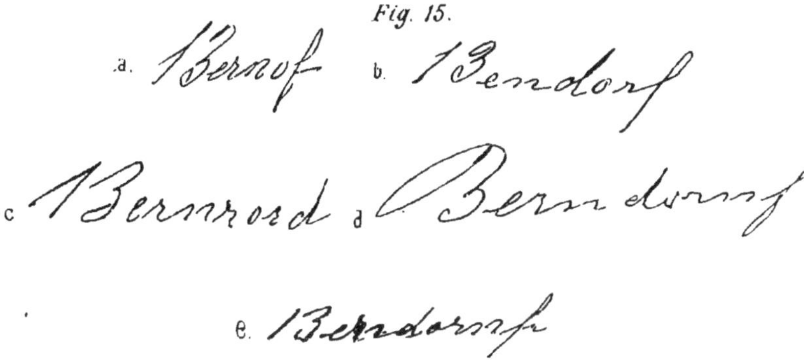

a. *Bernof*   b. *Bendorf*

c. *Bernrord*   d. *Berndorf*

e. *Berndorf*

Fig. 16.

a. *Heute ist es regnerisch Wetter und der Himmel ist trübe aber ich bin trotzdem lustig und fidel ,,*

b. *Heute ist es regnerisches Wetter und der Himmel ist trübe aber ich bin trotzdem lustig und fidel .,*

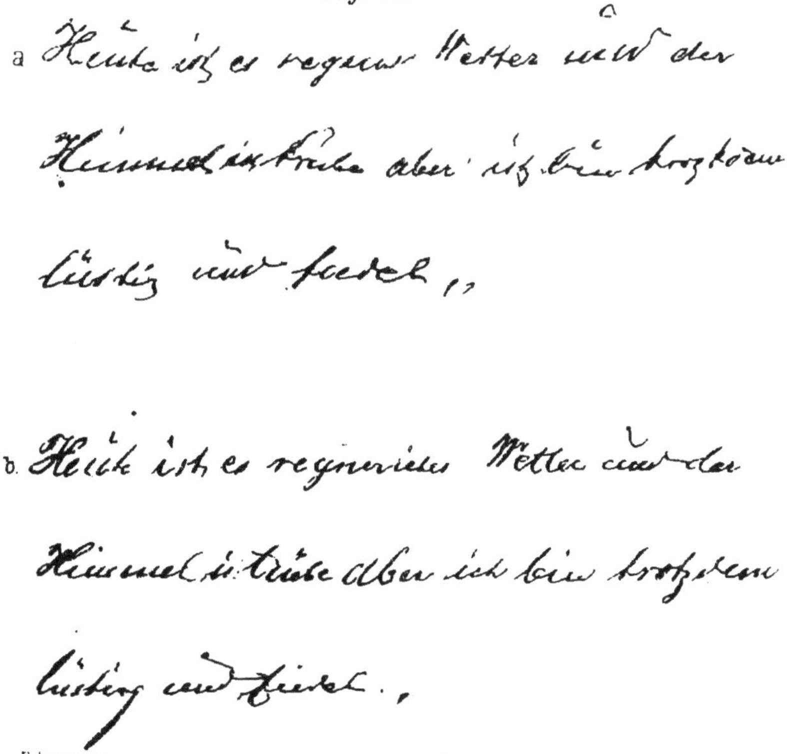

Erlenmeyer.

Fig 17.

Contract zwischen dem
Dr. der Medec. pr. Arzt
Wundarzt u. Geburtshelfer
in Bendorf b/ Coblenz
ersuchst u. dem von
Dr. Majestät das Hochseligen
in dem Hause des erlauchten.
Den heilig erschienen
lieben Herrn des Vaterland
zu können König Fr. Wilh IV —
Ruhe in Gott du lieber
treuer Herrscher.
Gegrüßt durch die Gymnasien.
Auch die Herren
Commune Baumeister

Erlenmeyer.

Verlag von Adolf Bonz & Comp. in Stuttgart

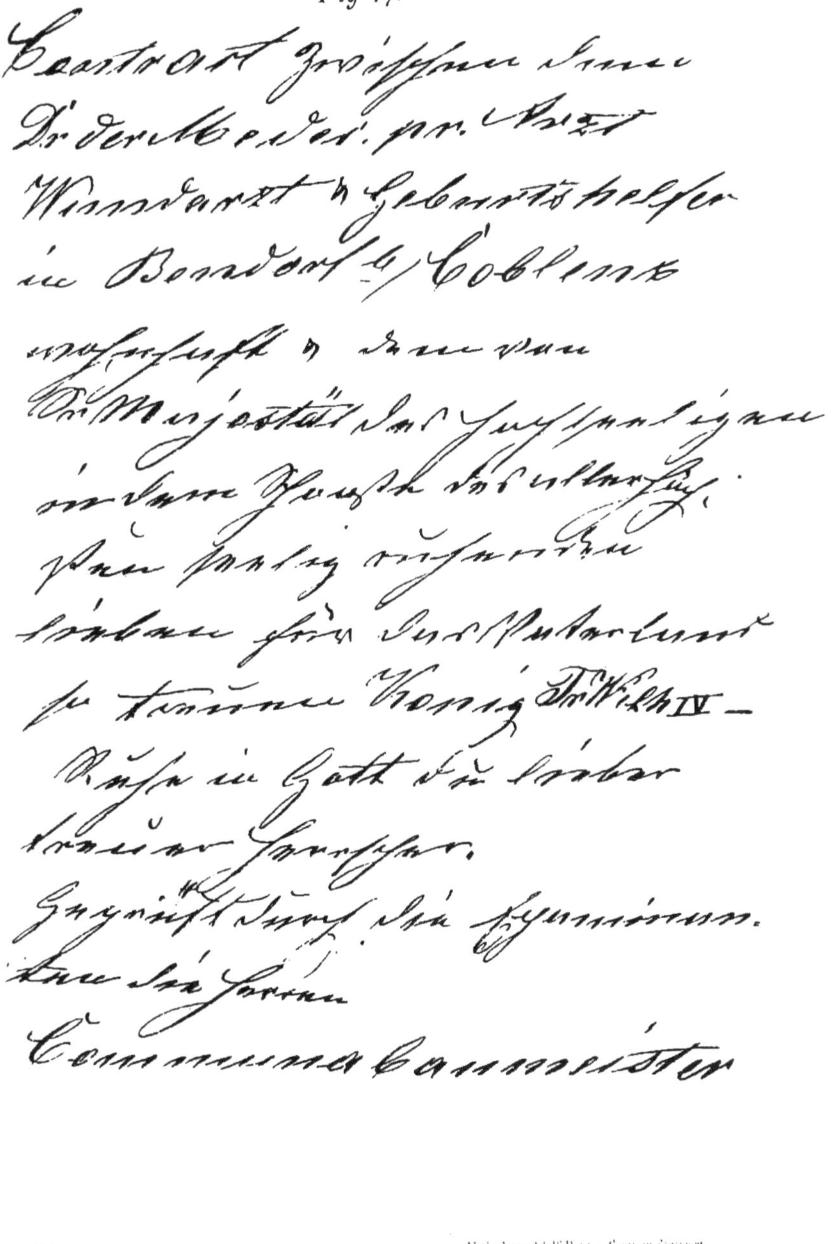

Fig 18.

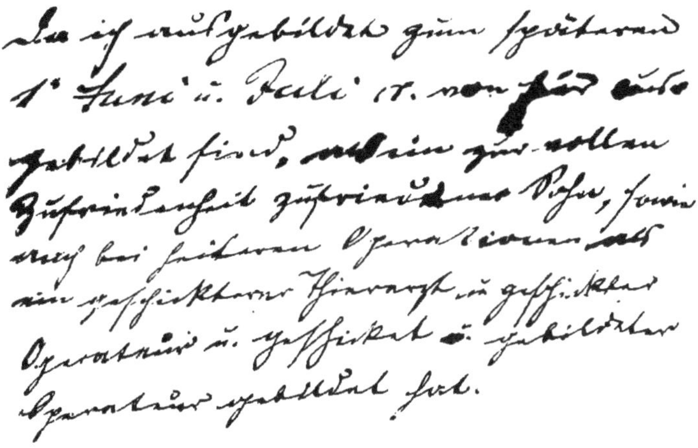

Die ich ausgebildet zum heiteraus
1. Juni u. Juli rc. von fich aus
gebildet find, allein zur vollen
Zufriedenheit zufrieden aus Wefen, fowie
auch bei früheren Charakteren, als
ein gefchickterer Charakter in gefchickten
Charaktere u. Gefchickt u. gebildeter
Charakter gebildet find.

Fig 19.

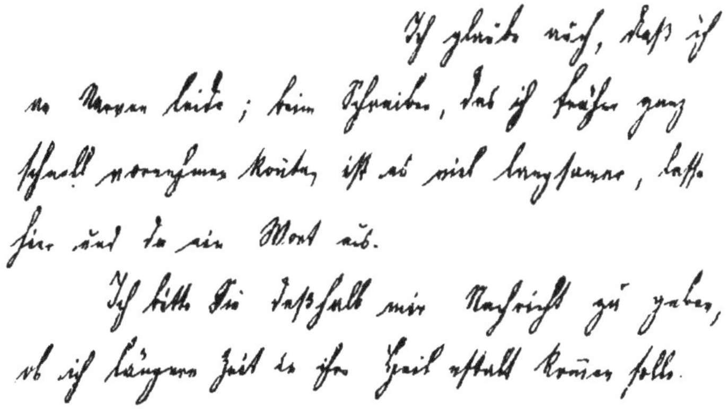

Ich glaube auch, daß ich
an Augen leide; beim Schreiben, das ich früher ganz
fchnell vornehmen könnte ift es viel langfamer, laffe
hier und da ein Wort aus.

Ich bitte Sie deßhalb mir Nachricht zu geben,
ob ich längere Zeit in ihr Heil erhalt können folls.

Taf. 11.

Fig. 20.

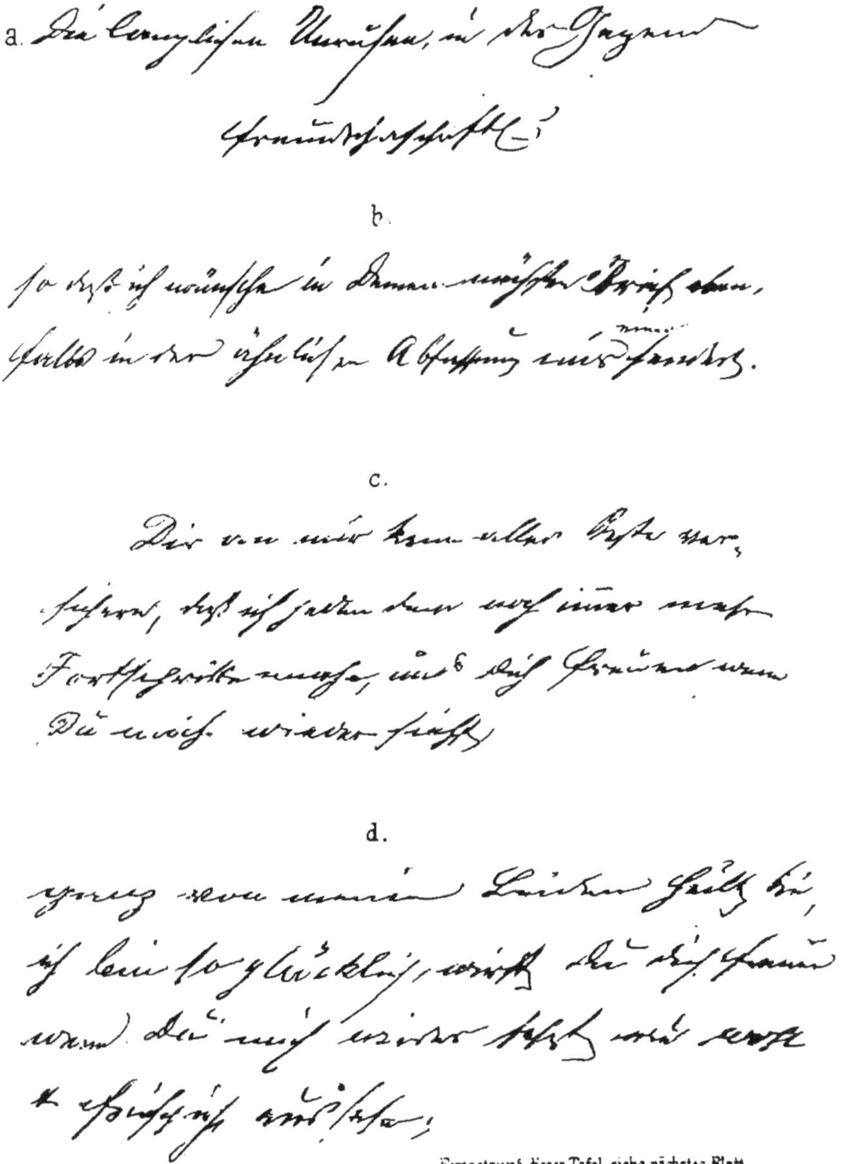

a.

[handwritten text]

b.

[handwritten text]

c.

[handwritten text]

d.

[handwritten text]

Fortsetzung dieser Tafel siehe nächstes Blatt.

Erlenmeyer.   Verlag von Adolf Bonz & Comp. in Stuttgart.

e.

[handwritten text] In einige Minuten wird Dir die die richtige Antwort, über Schule die ich von dem Herren Dr. Erlenmeyer überreicht bekommen.

f.

[handwritten text]